歴史文化ライブラリー
331

江戸大名の本家と分家

野口朋隆

吉川弘文館

目　次

大名家の本分家関係——プロローグ

1　大名家の本分家関係

全ての大名は本家と分家に分けられる

現代日本の大都市では、本家と分家という親族関係が希薄化しているとはいえ、地域によっては本家がお盆や正月に親族を迎えたり、先祖代々のお墓を管理するなど、まだまだ本分家という関係性が残されているところもある。本分家は日本の人々の生活や意識に大変密着した親族組織と言えるのだが、それは江戸の大名家にとっても、より重要であった。

大名家については、将軍との関係から、一族である家門《かもん》大名、もともと徳川家の家臣であった譜代《ふだい》大名、戦国大名やもう少し規模の小さい国人領主の系譜を引く外様《とざま》大名といった分け方や、大名たちが詰めた江戸城の殿席《でんせき》（溜間《たまりのま》・大広間《おおひろま》・柳間《やなぎのま》・雁間《がんのま》・菊間《きくのま》など）による区分が有名である。しかし、親族という観点から大名家を眺めてみると、当たり前の話なのだが、全ての大名家は本家と分家に分類することができる。

よく大名家の数を三百諸侯などと称するが、これはもとからの大名（本家）や、旗本などから新たに取り立てられた大名以外、本家から創出された分家大名を含めたおおまかな数ということができる。こうした本家による分家の創出については、幕府であっても例外ではない。徳川家でも、開幕以前の三河領国時代に創出した、いわゆる十八松平家や、徳川家康の庶子たちによる尾張・紀伊・水戸各徳川家（御三家）、家康の二男で、二代将軍秀忠の兄であった結城秀康《ゆうきひでやす》を祖とする越前松平家、八代将軍徳川吉宗の庶子に端を発する田安《たやす》・一橋《ひとつばし》・清水《しみず》各徳川家（御三卿）など、多くの分家を創出してきた。こうした分家のなかでも、和歌山藩主だった吉宗が将軍となり徳川宗家を継承したように、分家は、本家の家督相続者がいない場合、本家を継承できる存在であった。

もちろん、分家を創出することの意味はこれだけではないのだが、「家」の存続がきわめて重要視された江戸の武家社会において、本分家が関係性を結んでいくことは、とても重要な問題であった。

分家は本家によって支配されるだけ？

いっぽう、もともと本家大名の所領から分知《ぶんち》を受けて成立した分家であっても、大名にとって主君である将軍が命じる転封《てんぽう》や、何らかの事情によりいったん改易されたり、新たに取り立てられ別の所領を与えられることで本分家それぞれの領地が離れてしまい、本分家の関係性自体を喪失してしまう場合もあった。しかしながら、本書のなかでも明らかにしていくとおり、大名家では、領地が離れても本分家の関係性を維持することもけっして珍しいことではなかった。こうした点は、これまであまり考慮されてこなかった。

それは従来、本分家の関係性を考えるうえで、分家は本家から自立しているのか、それとも従属しているのか、という点に大きな関心が持たれていたことと大きく関連しているように思われる。このなかで、将軍から領地を認められたこと（安堵）を示す領《りよう》知《ち》朱印状《しゆいんじよう》を与えられた別朱印《べつしゆいん》分家は本家からの「自立」・「独立」性が高く、領知朱印状を与えられない内分《ないぶん》《うちわけ》分家は本家へ「従属」しているとして位置付けられてきた。

しかし、こうした見方については、全国の本分家関係を子細に見ていくならば、一面的であると言わざるを得ない。別朱印分家であっても、時代によっては、本家へ従属している場合もあるし、内分分家であっても、その領内では本家から介入されることなく自身で支配を行っていることもあった。こうした別朱印分家＝「自立」「独立」している、内分分家＝「支配」「従属」している、という従来の見方についても、本書では誤解であることを明らかにしていきたい。

そもそも、本分家を支配・従属という二者択一的な捉え方ばかりでなく、両者がどのように関係性を築いていたのか、また、関係性を築くことが、江戸時代にあって、どういう歴史的意味を持ったのかという点が大事な問題となる。これまでは、本家が分家を支配していく側面がとても強調されてきた。確かに、大名家の本分家間においては、儒教的観念のもと、本家を上位者、分家を下位者とする認識が江戸時代をとおして存在しており、本家が分家を他の家臣団同様に扱ったり、もしくは家臣団の筆頭に位置付けるなどして、あくまで支配統制の対象として位置付けていた例も数多くある。しかし、とりわけ分家大名は本家大名以外、将軍とも主従関係を結んでいるので、本家が分家大名の支配を行うということは、将軍の家臣を支配するということになってしまう。このため本家は、将軍へ一定の遠慮をしなければならず、他の家臣同様の扱いができなかった。こうした矛盾が大名家のなかで噴出し、家中をゆるがす御家騒動《おいえそうどう》へと発展していくこともあった。

また、騒動を起こさないためにも、大名家では本分家間において法を制定したり、本家が分家の主張を受け入れるなどして対処する必要があった。本書では、本家と分家が本分家関係を維持していた歴史的背景・理由を明らかにしていくことで、本分家について新しい側面を提示していきたい。また、大名本分家については、将軍との関係を抜きに考えることはできない。このため、大名本分家と将軍の三者関係についても配慮していく。

「支藩」という歴史用語について

ここまで読まれた読者の方は、本書において分家大名を指す「支藩」という用語が使われていないことに気が付かれたであろうか。分家大名については、これまで一般的には「支藩」という用語で呼ばれてきた。もともと、「支藩」とは江戸時代をとおして使われてきた用語ではなく、幕末以降、「藩」という言葉とともに普及していった。江戸時代は、分家・末家・庶家などと称するのが一般的であった。ただ、どの藩（分家大名）が「支藩」であり、また「支藩」でないのか、ということについては、きちんとした定義や規定があるわけではない。

現在では漠然と「江戸で将軍への奉公を行い一万石以上の所領を持っている者」という解釈のなかで、特定の分家大名について「支藩」と称している。そして、この「支藩」という用語は「本支藩」というように、「本藩」に対する用語であり、「本藩」に従属しているというイメージが強い。しかし、分家大名のなかには本家を上位者、分家を下位者として関係性を築いていながらも、領内支配や対幕府関係については本家の介入を受けないなど、「支配・従属」関係と見なすことができない本分家もある。さらに大名分家のなかでも旗本となっていった場合、「支藩」という用語を使用していては、こうした存在を見逃すことになってしまう。

つまり、「支藩」という用語は、大名分家および本分家関係に関する正確な理解を妨げるという問題を抱えているため、本書では使用しない。

それから分家大名・本分家関係については、これまで、それぞれの藩政史や自治体史などにおいて研究が進められてきた。ただ、そこで明らかにされた個別的な事例が、全体の歴史のなかでどのような意味を持つのか、という点については、あまり意識されてこなかったように思われる。一見、個別特殊的な事例と思われるような問題であっても、近世社会のなかで発生し、また、問題の解決が図られたことからすれば、そこには社会や本分家関係に内在する問題が先鋭的にあらわれることもある。諸問題を個別的として片づけてしまうのではなく、一般化していくことも必要であろう。そのためにも問題を深く掘り下げつつ全体を見渡していかなければならない。

江戸大名の本分家については、意外と基本的なことが分かっていないことも多い。本書はこうした点にも考慮しながら、本分家関係について叙述していくことにしたい。

全国の大名家における本家と分家

部屋住から分家へ

江戸幕府による分家大名の取り立て

日本の乱世を統一した豊臣秀吉《とよとみひでよし》は、全国を平定していく過程において、家臣たちへ加増を行ういっぽう、服属した大名や、もう少し規模の小さい国人《こくじん》へは領地を安堵することで、彼らを家臣としていった。特に規模の大きな大名家に対しては、その一族や、国衆など有力な家臣へも領知を大名とは別に安堵することで、直接取り立てることもあった。安芸の戦国大名毛利元就《もうりもとなり》を父に持つ小早川隆景《こばやかわたかかげ》は、毛利家の一門でありながらも、秀吉から厚い信頼を受け、毛利本家とは別に筑前一国と肥前国内二郡を拝領し、五大老の一人として豊臣政権内でも重きをなしたことは有名である。また、秀吉は、文禄二年（一五九三）九月、加賀の前田利家《まえだとしいえ》の所領のうち能登を同人の二男利政《としまさ》へ与えている。このため利家は長男の利長《としなが》に対して、利政を「向後其方諸事有異見、与力同然ニ引廻し肝要候」と述べるなど、利政が秀吉への臣従を深め、前田本家から離れていかないように気を使っている（「前田利長宛前田利家書状」前田育徳会）。

豊臣政権の後、江戸幕府が成立すると、徳川家が大名家のなかで主従関係を結ぶ対象としたのは、基本的に大名当主のみであり、その家臣である家老や国衆に対して、直接知行を与えたり、大名や旗本として召し出すことはほとんどなくなった。大名家における有力家臣の子弟が、将軍の直臣《じきしん》として直接取り立てられたことは、たとえば、対馬宗氏の家臣柳川調信《しげのぶ》は、朝鮮との国交回復に功があったとして宗氏への加増分二千八百石のうち、千石を調信分とされた他、その孫調興《しげおき》は慶長一八年（一六一三）以降、駿府の家康のもとへ出仕していた。しかし、宗氏から独立しようとしたため、寛永一二年（一六三五）家光によって処分された、いわゆる柳川一件によって幕臣化への道は否定された。また、播磨姫路五二万石の大名であった池田輝政《いけだてるまさ》の証人として、慶長九年、参府していた荒尾久成《あらおひさなり》（龍野一万石の城主荒尾成房《なりふさ》の三男）が、元和三年（一六一七）に召し出され翌年に書院番士となり下総香取郡内で千石を拝領した例などがあるものの、きわめて少ない。

ところが、大名の一族については、幕府も多く取り立てていった。これが、本書で述べていく分家大名たちである。

ただし、一族であれば誰でも取り立てられたわけではない。守護大名や戦国大名以来の系譜を引く旧族大名のなかには、すでに中世に分家して本家に対して独立的な傾向にあった庶子家をはじめ、大名当主の弟や伯（叔）父といった血縁関係の近い一族までが存在していた。こうしたなかで、幕府は前者については、江戸へ証人として詰めた場合、在府料として米を下賜したりしたが、あくまで大名家の家臣（将軍から見ると家臣の家臣である陪臣）として位置付けていった。いっぽう後者である大名当主ときわめて近い血縁関係の者だけを取り立てて、将軍家へ直接奉公することを許可していった。これは、後に述べるが、大名家内部における権力構造の問題として、時に大名当主に対する抵抗勢力ともなりうる大身《たいしん》家臣への押さえとしてや、父親や兄としての立場にある本家大名（当主）への恩典として認めたものである。

分家とは何か

これまで「支藩」という用語に代えて「分家」と言ってきたのだが、実はこれとても、適当な表現とは言えない場合がある。というのも、武家における「分家」というのは、「家」の財産である「家産《かさん》」、名字をはじめ、当主の存在そのものによって体現されるところの「家名《かめい》」、大名として領地を支配し幕府への奉公を勤める「家職《かしょく》」、これらがそれぞれ確立していくことによって、分家は「家」として成立することになる。したがって、これらのうちどれかが欠けている状態においては、一個の「家」というよりも本家当主の庶子、または本家に扶養された存在としての側面が強く残されている状態と言える。この点について、安芸広島藩浅野家の事例を見てみることにしたい。

浅野《あさの》長政《ながまさ》の二男長晟《ながあきら》（後年、兄幸長《よしなが》の養子となって本家当主となる）は、慶長一五年（一六一〇）、それまで知行していた三千石から、新たに幕府から備中足守二万四千石を拝領した。この時、長政から息子長晟に宛てた意見状が「浅野家文書」（一八一号、『大日本古文書』）に残っている。長政は長晟に対して、所領二万四千石のうち一万四千石は家臣団の召し抱えに当てること、残り一万石は長政の蔵に納めるように命じた。これは長晟が使う分であるから、それを父長政が管理することになり、長政が自由に使えないことを意味している。

この点について長政は、「本来侍は万一の時のために金銭を蓄えておかなければならないのに、今まで長晟は所帯方が悪かった。だから私が気遣いをしてこのように差配するのだ。これで少しでも違うことをしていれば罰当たりだぞ」と述べている。さらに、「兄の幸長はお前の年頃には『ひとりたち』（独り立ち）をしていたぞ、私に苦労をかけさせない孝行者であった。それにくらべてお前は私にこのような気遣いをさせて不幸者である。以後、たしなむようにせよ」と戒めているのである。もっとも長政はこの後に、「こうするのも、お前のことが不憫《ふびん》に思うからだよ」と、子に対する親の愛情を見せているのだが、いずれにせよ、ここから分かることは、親とは別に所領を新たに拝領しても、親である長政の意向が強く働いていたということである。

ここでの長晟は、まだ「家」を成立させて独自に家政を運営していないことから、庶子としての立場を強く残しており、父長政から独立・自立した存在ということはできない。分家大名を考えるためには、当たり前のことなのだが、まず彼らが部屋住の庶子という立場にあったという点が重要なのである。特に、分知《ぶんち》に関する規定が定まっていない一七世紀前半から後頃にかけては、すぐに分家が成立するというよりも、本家当主と密接な関係性を持つ庶子としての在り方が問われなければならない。

分家として成立する以前においても、庶子たちは幕府からの許可さえあれば、奉公を行っていたのだが、もちろん、幕府から所領を拝領していない場合でも奉公を行うことはあり得た。庶子が幕府へ奉公を行うためにまず

庶子として奉公を行う

必要なことは、将軍への御目見《おめみえ》を果たすことであった。特に初めての御目見は、庶子にとって自身の披露と今後の奉公を確認するという意味があったし、本家当主にとっては、庶子が将軍へ御目見を果たすことで、嫡子に万一のことがあった際に備えて、将軍や幕閣に対して家督相続者がいるということを知っておいてもらう、つまり家督相続者を確保しておくという意味もあった。

さて、初御目見を済ました庶子は、その後、江戸において将軍との関係が開始されることになる。具体的には江戸城への登城が中心となり、まず毎月一日・一五日・二八日の月次《つきなみ》御目見や、正月一日から三日まで行われる正月参賀（年頭《ねんとう》）、徳川家康の関東入国に由来するとされる八月一日に登城する八朔《はっさく》、それから将軍家の慶事（元服・婚姻など）や五節句《ごせっく》なども登城していた。このように、定例日と年中行事に登城をして、将軍を中心とする儀礼行為を繰り返し行っていくことで、幕府内におけるみずからの位置を確認するとともに、幕閣をはじめとした諸大名に自身の存在を周知していくことになる。

本家大名と同様に幕府から課されるさまざまな普請役や京都から来る勅使《ちょくし》の馳走役《ちそうやく》といった公儀役《こうぎやく》を果たしていくことも奉公として重要である。ただし、分家大名の場合、本家との関係にもよるのだが、江戸時代の初めから全ての公儀役を負担していたのではなく、とりわけ一部の内分分家は、徳川綱吉《つなよし》期以降に負担していくことになる。

それから譜代大名の場合、公儀役以外、将軍やその嫡子などへ勤仕することもあった。たとえば、将軍秀忠のもと、「年寄」（後の老中）として大きな権力を持った土井利勝《どいとしかつ》の庶子同利房《としふさ》の場合、寛永一六年（一六三九）四月一八日に将軍徳川家光《いえみつ》に初御目見を果たすと、同一八年八月九日、家光の嫡子家綱《いえつな》が生まれた最初の七夜に供奉《ぐぶ》し、翌年も家綱が初めて山王宮《さんのうみや》へ社参を行うとこれに供奉していた。そして、同二一年に父利勝から領知一万石の分知を受けるのだが、初御目見をした寛永一六年四月から分知を受ける同二一年まで、あくまで利勝の庶子としての立場で将軍家へ勤仕していた。

もう一つ、出羽久保田藩佐竹家の事例を紹介しておきたい。久保田藩主佐竹義隆《さたけよしたか》の四男同義長《よしなが》は、寛文八年（一六六八）一二月一二日、家綱に対して初御目見を行い、同一〇年一二月二八日には従五位下諸大夫に叙爵し、左近将監《さこんしょうげん》を称した（後、壱岐守に改める）。そして、離れて元禄一四年（一七〇一）一月一日、本家で兄義処《よしずみ》から新田として二万石を分与されるに至った（「被仰渡書抜」佐竹文庫〈宗家〉、秋田県公文書館）。つまり、義長は大名としての必要要件である初御目見や官位を拝領してから分知まで、三〇年近くに渡って大名の庶子分として過ごしていたのである。なお、この分知時、義処から家臣団に対して、「(佐竹家にとって) 御加増程ニ思《おぼ》し召され、御太慶遊《あそ》ばされ候由」との仰せ渡しがあった。実際、佐竹家に幕府から加増があったり、同家の石高が増えたということはなかったのだが、大名が幕府から分知を認められた際、どのような認識であったのか、という点において興味深い。本家の公称石高二〇万五千八百石余に分家二万石を合わせて佐竹本分家として二二万五千八百石余という認識なのであろう。

さて、このように、分家大名というのは、必ずしも、初御目見と同時に所領の分知が認められていたわけではなく、佐竹義長のように初御目見以降、三〇年間に渡って分知がなされなかった事例もある。こうした状態について、父親や兄であり本家でもある大名や、また、家臣化した庶子たちとも区別するため、彼らを「部屋住格大名《へやずみかくだいみょう》」と呼ぶことにしたい。

庶子たちの幕府儀礼参加

部屋住格大名において重要なのは、所領を有していない、もしくは幕府から領地の公認を受けていないにもかかわらず、彼らがけっして幕府から一万石未満の旗本として扱われているわけではなく、あくまで大名として位置付けられているということである。また、右に述べた江戸城で行われるさまざまな殿中儀礼にも大名として参加している。

たとえば、寛永二〇年（一六四三）の八朔を見てみると、将軍への御目見の順番を定めた法令によれば、まず、①「国持《くにもち》大名 幷《ならびに》侍従《じじゅう》以上」が将軍の御前へ罷《まか》り出るように命じており、以下、②「四品《しほん》之衆」、③「御譜代之四品衆」、④「御譜代大名、中大名幷国持之弟、壱万石以上之衆」、最後に⑤「御譜代衆、中大名、壱万石以上之惣領」となっている（『御触書寛保集成』一一〇号）。そして、部屋住格大名との関連で言うと、この御目見において、③を除いた各①～⑤に、それぞれいっしょに罷り出てくるように定められている者たちがいた。次にあげるとおりである。

①の諸大名といっしょに出てくる者として、伊達光宗《だてみつむね》・松平光通《まつだいらみつみち》・松平綱賢《つなかた》・島津綱久《しまづつなひさ》・池田綱政《いけだつなまさ》。

②には同じく有馬忠頼《ありまただより》・黒田光之《くろだみつゆき》・山内忠豊《やまのうちただとよ》・京極高国《きょうごくたかくに》・伊達宗時《むねとき》。

④には同じく松平昌勝《まさかつ》・織田《おだ》長頼《ながより》・松平（久松）定頼《さだより》・酒井《さかい》忠当《ただまさ》・水野《みずの》勝貞《かつさだ》・石川《いしかわ》康《やす》勝《かつ》・小笠原《おがさわら》長安《ながやす》・松平（久松）定良《さだよし》・井伊《いい》直寛《なおひろ》・鍋島《なべしま》直澄《なおずみ》・鍋島直朝《なおとも》・山内忠直《ただなお》・京極高《たか》治《はる》・井伊直縄《なおつな》・井伊直澄《なおすみ》・小笠原長宣《ながのぶ》・戸田《とだ》氏信《うじのぶ》。

⑤には松平（久松）定政《さだまさ》・松平（竹谷）清昌《きよまさ》・酒井忠重《ただしげ》・本堂《ほんどう》茂親《しげちか》・松平（長沢）清《きよ》直《なお》・山名《やまな》矩豊《のりとよ》・松前《まつまえ》氏広《うじひろ》。

右の者たちについては、(ア)嫡子・(イ)庶子・(ウ)家格外と分けることができる。まず、①では、国持大名の嫡子である仙台藩伊達光宗（従五位下）・薩摩藩島津綱久（無位無官）・岡山藩池田綱政（無位無官）や、将軍秀忠の庶兄結城秀康を祖とする越前藩松平光通（無位無官、同忠昌子）・越後高田藩松平綱賢（無位無官、同光長子）などが、彼らの父親と同列で罷り出るように指示されている。②では、官位が従四位下である四品ではないため家格外となる筑後久留米藩有馬忠頼（従五位下）の他、国持大名の嫡子である筑前藩黒田光之（無位無官）・土佐藩山内忠豊（従五位下）・伊予宇和島藩伊達宗時（従五位下）に対して、四品の大名と同じように罷り出るように定められている。④では、織田高長（従四位下侍従、大和松山三万二千石）の嫡子長頼（無位無官）や、松平（久松）・酒井・水野・石川・小笠原各家といった徳川家中でも有力譜代と言える大名の嫡子、それから、国持大名である

表1　国持大名および譜代大名の本分家

	幕末時の本家所領	所領と石高	分家初代氏名	初御目見年月日	分知公認年月日	別朱印・内分	備　考
国持大名	加賀金沢	越中富山10万石	前田利次	寛永8年ヵ	寛永16年6月20日	別朱印	
		加賀大聖寺7万石	前田利治	寛永11年ヵ	寛永16年6月20日	別朱印	
		上野七日市1万石	前田利孝	慶長9年	元和2年	新知拝領	
	薩摩鹿児島	日向佐土原3万石	島津以久	慶長8年	慶長8年10月18日	新知拝領	
	陸奥仙台	陸奥一関3万石	田村宗良	万治3年12月25日	万治3年8月25日	内分	
		伊予宇和島10万石	伊達秀宗	慶長7年	慶長19年12月28日	新知拝領	
	肥後熊本藩	肥後熊本新田3万5千石	細川利重	万治2年8月13日	寛文6年7月21日	内分	
		肥後宇土3万石	細川立孝	寛永16年9月20日		内分	分知は子行孝代
		常陸谷田部1万石	細川興元	慶長13年ヵ	慶長15年	新知拝領	
		旗本1千2百石	三渕光行		慶長14年10月	新知拝領	光行は細川藤孝の養子
	筑前福岡	筑前秋月5万石	黒田長興	元和元年5月1日	元和9年10月	別朱印	
	安芸広島	広島新田3万石	浅野長賢	宝永7年9月28日	享保15年5月11日	内分	
	長門萩	周防下松4万5千石	毛利就隆	慶長16年9月29日	寛永11年3月19日	内分	

国持大名	肥前佐賀	肥前小城7万3千石	鍋島元茂	慶長19年8月		内分	
国持大名		肥前蓮池5万2千石	鍋島直澄	寛永12年11月25日		内分	
国持大名		肥前鹿島2万石	鍋島直朝	寛永12年9月1日		内分	
国持大名		旗本5千石	鍋島正茂			新知拝領	
国持大名	備前岡山	備中鴨方2万5千石	池田政言	万治3年4月21日	寛文12年6月11日	別朱印	
国持大名		備中生坂1万5千石	池田輝録	寛文7年11月15日	寛文12年6月11日	内分	
国持大名	因幡鳥取	因幡鹿奴1万5千石	池田仲澄	寛文3年10月26日	貞享2年6月21日	内分	
国持大名		因幡若桜1万5千石	池田清定	元禄13年7月1日	元禄13年5月25日	内分	
国持大名		旗本7千石	池田政直		寛文2年9月25日	新知拝領	政直の父輝澄は元和元年6月28日播磨福本3万8千石新知拝領、後改易
国持大名	伊勢津	伊勢久居5万石	藤堂高通	明暦2年3月15日	寛文9年9月29日	内分	
国持大名	土佐高知	高知新田1万3千石	山内一安	慶安2年11月28日	明暦2年12月20日	内分	
国持大名	出羽久保田	久保田新田2万石	佐竹義長	寛文8年12月12日	元禄14年2月11日	内分	
国持大名	出羽米沢	米沢新田1万石	上杉勝周	正徳4年8月11日	享保4年2月25日	内分	
	近江彦根	越後与板2万石	井伊直勝		元和元年	別朱印	

譜　代　大　名（10万石以上）

出羽鶴岡	旗本3千石	酒井忠重	元和3年12月	元和3年12月		
	出羽松山2万5千石	酒井忠恒	慶安元年2月25日	正保4年12月11日	別朱印	
	旗本1千石	酒井忠興	元禄8年7月25日	元禄8年7月6日		
播磨姫路	旗本5千石	酒井忠能	寛永9年12月1日	寛永14年1月4日		
	上野伊勢崎2万石	酒井忠寛	延宝3年7月26日	天和元年2月27日	別朱印	
若狭小浜	越前鞠山1万石	酒井忠稠	寛文7年8月28日	天和2年9月29日	別朱印	
	旗本3千石	酒井忠垠	天和2年10月18日	天和2年9月29日		
	安房勝山1万2千石	酒井忠国	寛文8年6月14日	寛文8年6月13日	別朱印	
	旗本1千石	酒井忠雄	天和3年2月7日	天和3年2月27日		
大和郡山	越後黒川1万石	柳沢経隆	元禄8年2月10日	宝永6年6月3日	別朱印	
	越後三日市1万石	柳沢時睦	元禄9年9月18日	宝永6年6月3日	別朱印	
豊前小倉	播磨安志1万石	小笠原長次	寛永元年	寛永3年9月16日	別朱印	
	小倉新田1万石	小笠原真方	寛文8年6月14日	寛文11年9月23日	別朱印	
越後高田	旗本1千3百石	榊原政喬	寛文7年10月23日	寛文7年12月26日		
	旗本1千8百石	榊原清政	慶長11年	慶長12年		
相模小田原	相模荻野1万3千石	大久保教寛	延宝3年6月4日	元禄5年4月14日	別朱印	

譜代大名（10万石以上）						
	旗本4千石	宇津教信	延宝3年6月4日	元禄11年10月16日		
	旗本6千石	大久保教保	宝永4年10月15日	正徳3年9月12日		
備後福山	旗本5千石	阿部正容	正徳5年	正徳5年		
下総佐倉	下野植野1万石	堀田正高	天和2年5月18日	貞享元年10月10日	別朱印	
山城淀	安房館山1万石	稲葉正員	万治2年11月13日	寛文8年12月27日		
	旗本3千石	稲葉正辰	寛文4年8月22日	天和3年閏5月27日		
	旗本1千石	稲葉通周	元禄10年8月13日	元禄10年6月14日		
美濃大垣	旗本3千5百石	戸田氏照		慶安3年		
	旗本2千石	戸田氏広	寛文5年	延宝2年		
	旗本5千石	戸田定浩	宝永元年9月28日	享保17年10月23日		
武蔵忍	上野小幡2万石	松平忠尚	万治元年閏12月15日	元禄元年10月21日	別朱印	

（註）①慶長5年以降創出された分家を取り上げた。改易ののち再興された場合は、後者の年代を取った。二次分家（分家の分家）は除いている。

②本家の石高が分知時に10万石未満であった場合は取り上げなかった。したがって、本表が全ての分家を取り上げている訳ではない。

③旗本の知行地は省略した。

鍋島・山内両家、および譜代大名のなかで最大の石高を有する近江彦根藩（三〇万石）井伊家の庶子に対して出仕が定められている。なお、三〇万石という石高は、国持大名に匹敵する。⑤は、全員旗本であるが、万石以上の大名の列に定められていることから家格外となる。

ここで指摘しておきたいのは、たとえば、無位無官《むいむかん》の黒田光之に対して四品の当主と同列で罷り出ることが認められているなど、特定の大名家の嫡子・庶子が幕府から優遇を受けているということである。鍋島直澄・同直朝、山内忠直など、幕府から石高の認定を受けていない庶子たちが、わざわざ銘記されていることは、彼らが本来④の「御譜代大名、中大名幷国持之弟、壱万石以上之衆」という規定からはずれているにもかかわらず、幕府による優遇によって同列での出仕が可能になっていたことを示すものである。

このような幕府による優遇は、国持大名や有力譜代大名、さらに織田家や京極家など特別の由緒を持つ「家」に限られていることからすれば、嫡子や庶子を優遇することは、その父である大名当主・大名家を優遇するためであった。部屋住格大名であった庶子たちもまた、こうした幕府による優遇策のなかで幕府儀礼に参加し、他の万石以上の大名と同じ扱いを受けていたのである。嫡子や庶子が幕府儀礼の場に出てくることを許されるのは、中小の大名家では許されておらず、いわば特別なことであった。当主はもちろんのこと、嫡子、そして庶子まで出殿して将軍へ御目見が許されるのは、本家を優遇していればこそなのである。幕府がこうした部屋住格大名を認めていた背景については、その父兄である本家大名と幕府との関係を考える必要がある。

一万石以上が大名か？

これまで領地を持たない、もしくは認められていない部屋住格大名であっても、一万石以上の大名として扱われていたということを述べてきた。大名であることの指標の一つとして、領地の石高が一万石以上であるか、未満であるか、ということがある。この一万石以上という点については、寛永一二年（一六三五）に幕府が公布した「武家諸法度」以降、定まったもので、それまでは大名とともに「小名」というカテゴリーも存在した。また、「中大名」という言い方もあった。従来、分家が将軍から一万石以上の領地を与えられるか、もしくは分知が認められると、「立藩《りっぱん》した」とか「大名として認められた」という言い方をしてきた。しかし、少なくとも大名身分と一万石が結び付く寛永一二年（一六三五）以前においては、大名の身分格式がいまだ定まっていないのであるから、必ずしも適切な表現とは言えないだろう。

それでは実際、寛永一二年（一六三五）以前において、大名たちは、この一万石というラインをどのように認識していたのであろうか。この点について出羽仁賀保《にかほ》家における分知の在り方をとおして見てみよう（『仁賀保家文書』仁賀保町教育委員会）。

一万石の分割―仁賀保家の事例

仁賀保家は、中世においては出羽国由利《ゆり》郡内で「由利十二党」と呼ばれた有力な領主で、当主挙誠《たかのぶ》は秀吉・家康に臣従し、慶長七年（一六〇二）、常陸国武田五千石へ転封となるが、元和九年（一六二三）一〇月、旧領である由利郡仁賀保へ再び転封を命じられ、同地にて一万石を拝領した。挙誠には、長男良俊《よしとし》・二男誠政《のぶまさ》・三男誠次《のぶつぐ》という三人の子どもがおり、寛永二年、挙誠の家督を良俊が継いでいる。

しかし、翌三年四月二日付で誠政と誠次が幕府へ提出した「願書」によれば、挙誠が一万石を拝領した時に、そのうち二千石は誠政へ、千石は誠次へそれぞれ渡すように定めていた。しかし、良俊が家督相続の御礼も済んでいないうちから分知を願い出てしまっては兄弟の仲が悪いように聞こえるのでもう少し待つようにと言うから、自分たちもまさか同じ兄弟が約束を違えることもないだろうと思い、そのままにしてきた。

しかし、良俊は家督相続の御礼が済んでも、幕府へ分知を願い出ないため両人は「願書」を書いたと説明している。そして、注目されるのはこの「願書」のなかで、分知によって仁賀保家が大名の格式を喪失してしまうというようなことはいっさい書かれていないことである。もっとも、良俊が分知を躊躇《ちゅうちょ》しているのは大名の格式を喪失してしまうことを恐れているからだと思われるかもしれない。しかし、そうでないことは、良俊はその後、仲介に入った柳生宗矩《やぎゅうむねのり》に対して、千五百石なら分知しようと述べており、分知自体に反対しているのではなく、その石高や領地について同意していなかったのである。やはり良俊は一万石というラインにこだわっていないのである。こうしてみると、いまだ、この時点における仁賀保家では、三人の兄弟が挙誠の遺領をそれぞれ相続することによって、本家の石高が一万石を割ってしまい、大名としての格式を喪失してしまう、というようなことは考えていなかった。

丸亀藩京極家の事例

次に、一万石以上を大名とする格式が確立していた一七世紀後半の事例をあげる。讃岐国丸亀藩の京極高豊《きょうごくたかとよ》は、元禄七年（一六九四）五月、帰国の途中、播磨国加古川において四〇歳の若さで死去してしまった。このため丸亀藩では、急遽、高豊と正室伊達宗利《むねとし》の娘の間に生まれた嫡子高或《たかもち》の相続を幕府へ願い出て許されたが、こちらもいまだ三歳であった。このため、高或の庶兄であった高澄《たかずみ》（後に高通《たかみち》）が、いまだ四歳であったものの、一万石の分知を幕府へ願い出て許可された。これが多度津《たどつ》藩の祖となる。この分知は、京極家の血統自体は、高家《こうけ》や但馬豊岡藩などに残っていたことからすれば、室町幕府において四職《しき》に就任したこともある名家京極氏の血統を残すという側面以上に、高或が急死してしまうなどの万一に備えて、丸亀京極家、ひいては大名家としての身分格式を持つ京極家を維持するための処置であったと理解されるのである。

分家の知行地を選ぶ

本家から分家へ所領を分与するにあたって、領内のどの土地を与えるかについては、それぞれの大名家で対応が異なった。当然、田畠の耕作地としての土地については、生産性の高い土地から、水損などに遭いやすく生産性の低い痩せた土地まで、さまざまあるだろうから、このなかで分家の知行地をどの場所に設定するかは本家によって配分されることになる。

天和二年（一六八二）九月二九日、若狭国小浜藩主酒井忠直《ただなお》が死去したため、家督は長男である忠隆《ただたか》が継ぎ、その弟のうち、忠稠《ただしげ》へ一万石、忠垠《ただきし》に三千石、それぞれの分知が許され、忠隆自身は一〇万三千五百石余を領した。酒井家は、若狭一国と隣国であった越前国敦賀郡・近江国高島郡のうち七千石余、および関東にて下野国阿蘇・都賀両郡にて一万石というように四ヵ国に分かれた知行地であった。

実は、この分知はすでに忠直が死去する以前に、同人が分知についていくつか定めていた。まず、忠稠の知行地については、敦賀にて五千石、高島にて三千石、佐野（下野国阿蘇郡）にて二千石と定めたうえで、敦賀のなかでも大切なところは嫡男忠隆が相続し、たとえ弟であっても若狭一国のなかで分知を行うことは絶対にしてはならないとした（「酒井忠直遺領分け覚」酒井家文書）。敦賀は日本海沿岸のなかでも有数の港町として発展した交通の要衝であるため、この地のなかで重要なところは本家が治めるということである。また、若狭国内を分知しないというのは、もし、忠稠かその子孫が改易や転封《てんぽう》となり幕府領や他の大名領・旗本領が設定されてしまうと、若狭一国を支配できなくなり、それは酒井家が拝領してきた領知朱印状に「若狭国一円」と書かれていた文言が変更されてしまうことを嫌がってのことであろう。

もう一例、肥前佐賀藩鍋島家における分家への知行地分与は、酒井家とは違い、領内のなかでも、なるべく生産性の高い土地を与えていた事例である。元和三年（一六一七）、鍋島勝茂《かつしげ》の庶長子で江戸詰を行っていた同元茂《もとしげ》は、祖父鍋島直茂《なおしげ》の隠居領であった佐賀郡本庄・同多布施・同藤木・同六角村・同郷司・同小田村と、小城郡《おぎぐん》乙柳・同西川、神埼郡蒲田江・同佐賀山、合計定米一万七二七〇石三斗について相続し、さらに一二月一日には、勝茂より小城郡芦刈、杵島郡佐留志・同山口・同大町・同山代のうち、定米一万六六九七石九斗二升の分知を受け、直茂隠居領と合わせて定米三万三九六八石二斗二升を有することとなった。

元和七年、本家が財政難のため元茂を含めた全家臣団に対して、その知行地のうち三割を上納する三部上知がなされたが、これを機に元茂は分散《ぶんさん》知行からまとまった知行地を領することとなる。しかし、元茂は、三部《さんぶ》上知《じようち》により江戸詰が難しくなると訴えるとともに、代わりの「能在所《よきざいしよ》」の分与を願った（『坊所鍋島家文書』七一七号、『佐賀県史料集成』一二巻）。

元茂が新たな知行地の分与を求めた理由は、現在は分散知行のため知行地支配が困難であるため小城郡のなかでまとめてもらいたいというものであった。これに対して勝茂は、元茂の願いを受け入れ、同年九月、竜造寺《りゆうぞうじ》系大身家臣の多久《たく》家領を除いた小城郡全域と佐賀郡佐保川島郷・松浦郡山代《まつうらぐんやましろ》を与えている。元茂への知行地分与は本人の希望に沿った形で宛行《あてが》われていた。それは鍋島家には多久家や諫早《いさはや》家といった旧主竜造寺家の大身家臣や国人領主の系譜を引く後藤家（武雄鍋島家）などもおり、藩主権力（宗主権）を確立していくうえで、分家としての元茂は藩屏《はんぺい》としての役割を果たしていたことが大きな理由として あげられる。こうした点は、譜代大名の酒井家とは事情が異なっており、分知する所領についても、大名家内の事情から選定されることになる。

右に見てきたように、分家の知行地を幕府ではなく本家が最終的に決定しているケースは、これら以外にも多くの大名家において確認することができる。このように分家大名は、幕府が知行地を決定して所領を与える大名（本家）とは成り立ちが大きく異なっている。幕府からすると、家格の差こそあれ同じ大名として位置付けられたが、こうした由来が大名家の内部で本分家関係に基づく上下秩序を形成することになる。

領知朱印状の拝領をめぐって

別朱印分家と内分分家

分家大名は、これまで述べてきたとおり、将軍から領地を安堵されたことを示す領知朱印状《りようちしゆいんじよう》を拝領するか否かによって、別朱印《べつしゆいん》分家と内分《ないぶん》分家《うちわけ》に分けることができる。

まず、別朱印分家とは、その名のとおり、本家とは別に領知朱印状を拝領する分家大名のことである。本家とは別に領知の石高が記載されるため、本家の領知朱印状もしくは一〇万石以上の大名に対して発給される領知判物《はんもつ》は、分家の石高分減少することになる。本家にとってはデメリットとなるが、別朱印分家にとっては、将軍と大名の主従関係が、主君の家臣に対する領地の安堵と、それに伴う主君への奉公を基礎として成り立っていることからすれば、領地を安堵されることによって、将軍の直臣として認められたことを意味する。

朱印状を拝領することは、幕府から本家に扶養される存在ではなく、独り立ちした状態であることを認められたことになる。このため、公的には本家とは別個の「家」として将軍へ奉公を行うことが求められる。しかし、大名家によっては「家」が存続していくうえで、やはり本家とは切っても切れない関係が続くこともある。それが本分家関係であり一族としての結合を維持していくことになる。この点については、後ほど述べることにしよう。

いっぽう、将軍から領知朱印状を拝領せずに幕府へ出仕するのが、内分分家である。次ページにあげるのは、土佐藩山内家が寛文四年（一六六四）四月に拝領した領知判物（図1）である。なお、石高一〇万石以上の大名は、日付の下に将軍の花押が据えられた宛行《あてがい》状《じょう》を拝領することからこれを領知判物と呼び、一〇万石未満は朱印が押された宛行状を拝領することから領知朱印状と呼称している。

土佐国弐拾万弐千六百石目録別紙に在事、内三万石山内修理大夫（忠直）が進退すべし、その外残らずこれ充行《あてがい》訖《おわんぬ》、全て領知すべきの状、件《くだん》の如《ごと》し

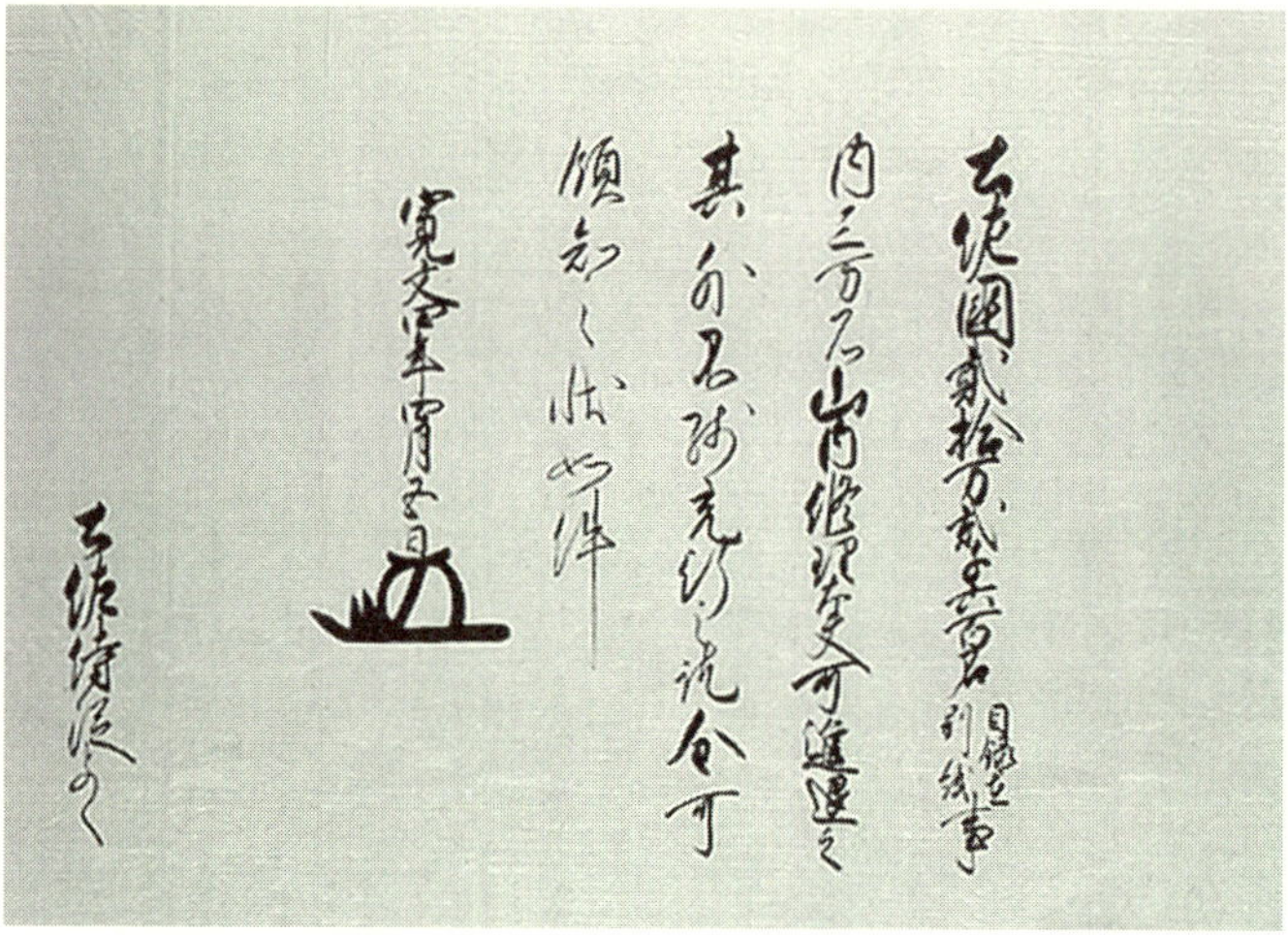

図１　徳川家綱領地判物（土佐山内家宝物資料館所蔵）

寛文四年四月五日御判

土佐侍従（山内忠豊）とのへ

本来、この判物とともに領地の村々が記載された目録も同時に発給されるのだが、これは除いた。本判物のように、将軍徳川家綱が二〇万二千石余を高知藩当主山内《やまのうち》忠豊《ただとよ》に宛行《あてが》うことで、土地を媒介とした主従関係が確認されていったのだが、この判物には、高知藩の石高のうち三万石は、忠豊の弟であった忠直《ただなお》に対して宛行われている。もっとも、忠豊宛の判物のなかにいっしょに書き加えられているところから、やはり内分分家であっても、大名の家臣とは違い、将軍の直臣《じきしん》として認められていることは間違いない。

近世初頭を除き、旗本も江戸時代を通して領知朱印状を拝領することはなかったのだから、領知朱印状を拝領しないからといって将軍との主従関係を結んでいないということはない。むしろ、他の大名に比べて、幕府から軽く扱われている、もしくは拝領できない格式と捉えた方がいいだろう。

つまり、同じ大名といっても、その内部では官位や殿席《でんせき》、国持《くにもち》か城持かといった区別があるのと同様に、朱印状拝領の有無も存在したのである。したがって、内分分家であっても、さらに分家を創出して、これを幕府へ奉公をさせることが可能であった。

寛文七年六月九日、土佐藩山内家の分家大名山内忠直が死去したため、その遺領土佐中村三万石（内分）のうちから、長男豊定《とよさだ》が二万七千石を相続し、残り三千石は二男豊明《とよあきら》が分知を受けた。豊明はすでに一五歳であった明暦二年（一六五六）一一月七日に将軍家綱へ初御《お》目《め》見《みえ》を果たしており、部屋住《へやずみ》身分であった。

内分分家のメリット

ただ、やはり内分分家は、個別に領知朱印状を拝領できないので、別朱印分家や他の大名に比べて将軍との主従関係が弱いというデメリットがある。

もっとも、本家にとっては内分分家という形式を取れば、本家の石高（表高）が減少することはないので、本家の格式の低下を招くことなく分家を創出することができるメリットがある。

また、本家の石高を減少させない方法としては、領内のなかでの新田分を分与したり、米（廩米《りんまい》）を支給するといった形式があった。なお、萩藩・佐賀藩については、それぞれの藩内事情から領知判物に分家の当主名や石高が記載されることはなかった。

本家から分家が創出された時に本家の石高が減少するかどうかという点については、それぞれの大名家によって異なっていたようで、たとえば、加賀藩前田家の場合、寛永一六年（一六三九）六月二〇日、本家を光高《みつたか》が家督相続すると、その弟利次《としつぐ》に越中富山一〇万石、同じく弟利治《としはる》に加賀大聖寺七万石、それから父利常《としつね》の隠居領として越中高岡二二万石をそれぞれ分けることが幕府から許され、本家は八〇万石へと減少している。ただし、万治元年（一六五八）に利常が死去すると、隠居領は本家へ還付《かんぷ》され、百二万石となる。もっとも富山・大聖寺両前田家とも別朱印分家であったが、本家の領知判物では、たとえば寛文四年（一六六四）四月五日に発給されたものを見てみると、最初に「加賀・能登・越中三箇国百弐拾万弐千七百六拾石」と銘記されており、このうち、富山と大聖寺を除いた百二万五千石を「前々の如く、これ充行訖、全て領知」するようにとされている（『寛文朱印留』上、国立史料館）。つまり、本家の所領高は百二万石余であるけれども、本分家を合わせた前田家として加越能百二十万石が与えられていると解釈することも可能であろう。

それでは分家が絶家となった場合、その所領はどうなるのであろうか。

分家領が収公される事例

分家領が本家へ還付されるのであれば、分家にとっては不安定な立場であるものの、本家にとっては、先祖以来の土地が幕府へ召し上げられてしまうことが回避されることになる。返還されることが分かっていれば、別朱印や内分にこだわる必要はないのだが、結論から言うと、大名家にとって分家領が還付されるかどうかは分からなかった。分家が改易される理由としては、幕府から処罰を受けたり、家督相続者がいないことによる無嗣断絶などがあげられる。さらに、分家大名独特の理由として、本家の家督相続者が不在の場合、分家当主が本家を相続するも、自身の家督相続者がいないため、当該分家が断絶してしまうといったことがある。

分家大名領は、改易を受ければ、別朱印・内分に限らず、所領はいったん幕府へ収公されることになる。もちろん、分家領が幕府からの新知拝領であったり、本家からの分知などといったことは関係ない。また、分家当主が本家を相続し、分家に家督相続者がいない場合も、本家が勝手に分家領を処分することはできず、幕府の判断を仰ぐことになる。これは、やはり分家大名が将軍直臣であるため、その所領の処分権についても最終的に将軍が把握すべきものであることに拠るためであろう。

分家領の処分について一例をあげると、伊予松山藩松平家（一五万石）では、新田分としながらも、実は本家から廩米一万俵を与えることで成立していた分家大名松平定静《まつだいらさだきよ》が、明和二年（一七六五）二月一三日に本家の家督を相続することになった。しかし、幕府は、分家が本家から廩米を支給されることで成立していたことを認めず、あくまで新田分として領地の収公を指示したため、やむなく松平家では同国内桑村郡一〇ヵ村、越智《おち》郡八ヵ村を選び幕府へ上知している。松山藩松平家では実際の領地が減少してしまったのである。

領地が還付される事例

もっとも、領地が本家へ還付されることもある。そこで次に、どのような大名分家の領地が、改易や断絶となっても所領を収公されずに本家へ還付されていたのか、という事例について見てみることにしたい。

所領が還付された本家大名の一覧をあらわしたのが四〇ページ以降の表2である。これを見ると、所領の還付は家門《かもん》・譜代《ふだい》・外様《とざま》を問わず行われていたことが分かる。還付された大名家の詳細を見てみると、家門大名は、分家数が譜代や外様に比して少ないため、還付された事例も五件（うち一件は上野前橋松平家の分家松平知清《ちかきよ》が本家相続につき分家領も合わせて領す）となっている。

譜代大名では、真田家・朽木《くつき》家・戸沢家といった願譜代《ねがいふだい》などの旧外様大名や、井伊家・本多家といった徳川草創期にいわゆる四天王として活躍した大名家・松平（大河内）家・阿部家・稲葉家などの老中を輩出した大名家であることに気付く。ただし、老中を輩出した家であっても収公される事例は数多く確認することができるため、還付が原則となっていたとは言い難いものの、還付されるのは譜代大名のなかでも家格の高い大名家であった傾向は指摘できるだろう。

外様大名については、国持大名の他、京極家（讃岐丸亀六万石）・稲葉家（豊後臼杵五万石）といった織豊取立大名や、津軽家（陸奥弘前四万七千石）・大村家（肥前大村二万七千石）といった旧族居付大名が還付されている。津軽家や大村家は国持大名のような家格の高い大名家ではないが、どちらも両家が戦国期以来相続してきた所領の一部を分知したものであり、幕府もこうした歴史性に配慮したものと考えられる。

以上、家門・譜代・外様各大名家における還付状況を見てきたが、とりわけ、譜代と外様においては、家格の高い大名家に対して所領が還付されている状況が認められる。本来、分家領を相続する者がいなければ、「家」は断絶となるため、その領地は幕府により収公されるというのが基本的な在り方であるが、還付されるということは、基本的に本家大名

表2—1　所領を還付された外様大名

氏名	続柄	知行年月日	知行地・石高	本宗家最終地	断絶理由
細川利武	利重の二男	元禄10年(一六九七)6月14日	伯父熊本藩主綱利から廩米5千石分与	熊本新田	宝永5年閏1月3日熊本藩相続につき、所領は同日熊本藩へ還付
立花貞晟	忠茂の五男	元禄10年(一六九七)6月14日	甥鑑任から筑後柳川国内新墾田5千石分知	筑後柳川	享保6年5月清直代本家相続につき、先の領知も合わせて領す
森長武	長継の二男	貞享3年(一六八六)5月27日	本家長成より廩米2万俵分与され別家	美作津山	死去により本家へ還付
佐竹義眞	義隆の庶長子		元禄14年子義都代に本家義処より新田1万石分知	出羽久保田	孫義堅元禄17年5月9日本家相続につき、1万石は本家へ還付
溝口助勝	善勝の二男	寛永11年(一六三四)	父の遺領越後蒲原郡内3千石分知	越後沢海	寛永13年5月24日無嗣断絶により3千石は兄政勝へ預けられ、寛永20年12月18日所領3千石のうち2千石は弟信勝に賜い千石は収公
南部(堀田)勝直	万治2年、南部重直の養子となる	正保4年(一六四七)	新知廩米3百俵拝領、慶安4年8月14日実父堀田正盛の遺領下総国内新墾田3千石分知、	陸奥盛岡	万治2年勝直死去後、堀田家へ還付

			廩米は収公		
南部勝信	重信の三男	元禄7年（一六九四）	兄行信から陸奥和賀・二戸両郡内新墾田5千石分知、宝永3年12月10日年廩米に改む	陸奥盛岡	安永3年12月16日信由が本家相続につき、廩米は本家へ還付
浅野長治	長晟の庶長子	寛永9年（一六三二）11月2日	父の遺領内備後三次5万石分知	安芸広島	享保4年4月23日長経代無嗣断絶につき、領知は本家へ還付
浅野長寔	長澄の二男	享保4年（一七一九）10月25日	宗家吉長より5万石分知	安芸広島	享保5年6月21日無嗣断絶、所領は本家へ還付
蜂須賀隆重	忠英の二男	明暦3年（一六五七）3月15日	新知廩米3千俵拝領、延宝6年10月19日本家綱矩から阿波富田5万石分知、廩米は収公	阿波徳島	享保10年7月4日孫正員本家相続につき、領知は本家へ還付
京極高房	高和の養子	寛文2年（一六六二）12月4日	父の遺領讃岐丸亀内3千石分知	讃岐丸亀	延宝5年5月21日死去につき、本家へ還付
黒田長清	光之の三男、享保5年2月23日子継高本家相続	元禄元年（一六八八）12月9日	父の封地内筑前直方新墾田5万石分知	筑前福岡	子継高正徳4年4月23日本家宣政の養子となる、享保5長清死去、直方領は享保5年4月15日本家へ還付

黒田高政	長政の四男	元和9年（一六二三）10月?	父の遺領内東連寺4万石分知	筑前福岡	延宝5年2月13日孫長寛（綱政）代本家相続につき、領知は本家へ還付
有馬豊佑	忠頼の三男	寛文8年（一六六八）8月21日	父の遺領から松崎1万石分知	筑後久留米	貞享元年7月晦日改易、領地は本家頼元に預けられ元禄10年5月6日還付
戸沢正諶	正庸の四男	元文2年（一七三七）12月6日	父から廩米7千俵分与	出羽新庄	延享2年本家相続につき、廩米は本家へ還付
戸沢庸祝	正庸の五男	延享2年（一七四五）10月20日	正諶の収納廩米7千俵分与	出羽新庄	寛延2年無嗣断絶につき、廩米は本家へ還付
稲葉通孝	貞通の三男	慶長5年（一六〇〇）	父より臼杵内1万4千150石分知	豊後臼杵	後伏見へ退去につき、所領は本家典通へ返還
津軽著教	信寿の二男	延享元年（一七四四）	本家信寧から3千俵分与	陸奥津軽	延享2年1月20日無嗣断絶、家禄は本家へ還付
大村純庸	純長の四男	宝永3年（一七〇六）	父の遺領肥前大村内3千石分知	肥前大村	宝永7年5月25日本家の嫡子となり同年6月11日所領は本家へ還付
伊達村和	綱宗の二男	元禄8年（一六九五）7月6日	兄綱村から陸奥桃生郡内3万石分知	陸奥仙台	元禄12年10月28日逼塞につき、所領は本家へ還付

山内忠直	忠義の二男、元禄2年改易、宝永元年子豊成代再出仕、宝永5年仕えを辞す	明暦2年(一六五六)7月3日	父から土佐中村3万石分知	土佐高知	豊明代元禄2年8月4日改易、領地は収公、元禄9年12月9日所領は本家へ還付、豊成代宝永元年7月2日本家より廩米千俵分与、宝永5年10月晦日病により仕えを辞し廩米は本家へ還付
藤堂高堅	高次の三男	寛文9年(一六六九)	父から伊勢国内3千石分知	伊勢津	元禄10年久居藩5万石相続につき、所領は合わせて領す
小出吉親	吉政の二男	慶長15年(一六一〇)	新知上野甘楽郡内2千石拝領、慶長18年3月兄の所領丹波出石2万7千7百石拝領	但馬出石	上野領は収公されず2万9千7百石を領す
小出吉直	吉親の四男	寛文2年(一六六二)	寛文2年9月晦日父吉親より3千石分知、寛文8年7月10日父の隠居領のうち丹波国内3千石分知	丹波園部	(寛文2年9月晦日の)分知3千石は兄英知へ還付、天和3年4月子英一代病により采地は収公
前田利昌	利明の二男	元禄5年(一六九二)7月9日	兄利直の所領加賀能美郡内新墾田1万石分知	加賀大聖寺	宝永6年2月18日改易、同年4月12日所領は本家大聖寺へ還付

(註)『寛政重修諸家譜』より作成。慶長5年以降に限る。

表2―2　所領を還付された譜代大名

氏名	続柄	知行年月日	知行地・石高	本家最終地	断絶理由
松平（竹谷）清定	清宗の二男、旗本1千2百石	天正18年（一五九〇）	兄から遠江友長村千貫文、慶長6年2月兄から三河吉田内に3千2百石分知、	三河宝飯郡内5千石、本家は慶長17年交代寄合ヵ	慶長10年清定死去時本家へ還付（子清信代本家清昌から三河西郡7百石内分、寛永12年新知廩米3百俵拝領につき、7百石は本家へ返還）
松平（形原）道庸	氏辰の二男、元文元年4月8日本家旗本氏信家相続につき、絶家	宝永2年（一七〇五）11月29日	宗家松平（形原）信庸より廩米3百俵分与	旗本氏信家（形原）	子信友代元文元年4月8日本家旗本氏信家相続につき、廩米は宗家松平（形原）信岑へ還付
酒井忠経	忠吉の二男、寛文2年11月25日嫡子となる	慶安3年（一六五〇）9月4日	新知廩米5百俵拝領、慶安4年8月16日廩米3百俵加増	旗本忠吉家	寛文2年11月25日本家相続につき、拝領の廩米は父の隠居料となる
土屋友直	逵直の四男	享保3年（一七一八）6月28日	本家政直から廩米5百俵分与	常陸土浦	延享元年8月3日好直家を相続につき、絶家、同年廩米は土屋篤直へ還付

井上正長	正任の三男、大名常陸下妻1万石	元禄6年（一六九三）9月2日	父から美濃郡上郡内3千石分知（元禄11年11月4日桜田家宣付属につき、3千石は養子正矩に分知、桜田から新知信濃・甲斐両国内4千石拝領、元禄16年8月27日千石加増）、宝永2年1月7日武蔵・相模両国内3千石加増、宝永2年1月27日3千石還付、正徳2年12月25日常陸下妻1万石へ加増転封	遠江浜松	
西尾忠知	忠永の二男	寛永19年（一六四二）	新知廩米3百俵拝領、承応3年兄の遺領内駿河益津郡内5千石分知、廩米は収公	遠江横須賀	延宝3年子忠幸代仕えを辞す、忠幸本家で従兄忠成へ所領を還付、忠知の女は桂昌院侍女
朽木種治	種昌の二男	宝永5年（一七〇八）6月25日	父から丹波天田郡内3千石分知	丹波福知山	享保11年5月11日本家相続につき、3千石は還付
稲葉正次	正成の二男、旗本2千5百石	元和4年（一六一八）	新知美濃青野5千石拝領、子正能幼稚により青野5千石は叔父稲葉正吉が拝領、寛永12年12月本家正勝より下野	山城淀	

			真岡領内新田3千石分知、寛文4年閏5月25日正則の領地常陸真壁郡へ移封、新田は本家へ還付		
稲葉正定	正次の二男、旗本2千石	寛永12年(一六三五)	本家正勝より下野真岡領内新田2千石分知、寛文4年閏5月25日正則の領地常陸真壁郡へ移封、新田は本家へ還付	山城淀	
永井尚附	尚庸の二男	元禄7年(一六九四)8月21日	兄直敬から廩米5百俵分知、元禄10年12月22日新知武蔵埼玉郡内5百石拝領	美濃加納	新知拝領につき、廩米は本家へ還付
阿部正令(正能)	正澄の長男	寛永15年(一六三八)4月22日	祖父から大多喜1万石分知、慶安4年8月14日叔父重次の遺領上総国内新墾田6千石分知	備後福山	承応元年7月24日忠秋の養子となり6千石は本家従兄弟定高へ還付
堀田勝直	正盛の五男	正保4年(一六四七)	新知廩米3百俵拝領、慶安4年父の遺領新墾田3千石分知、廩米は収公	近江宮川	万治2年南部重直の養子となり采地は本家へ還付
真田信親	昌幸の三男昌親の子	元禄7年(一六九四)8月21日	本家幸道から信濃国内新墾田2千石分知	信濃松代	元禄16年12月25日子信弘本家相続につき、領

					地は本家へ還付
真田信政	信之の二男	不明	父から信濃更級郡内1万7千石分知、寛永16年6月20日父から上野沼田2万5千石分知、信濃更級郡内1万7千石は弟信重へ	信濃松代	明暦2年10月晦日本家相続につき、上野沼田2万5千石は甥信利領となる
真田信重	信之の三男	寛永16年（一六三九）6月20日	兄から信濃更級郡内1万7千石分知	信濃松代	無嗣断絶、慶安元年10月25日所領は父信之へ還付
本多忠朝	忠勝の二男	慶長6年（一六〇一）1月1日	新知上総大多喜5万石拝領、大多喜は父忠勝の旧領、孫勝行代大和郡山へ転封	三河岡崎	子政勝は本家相続、慶安3年6月11日孫勝行代無嗣断絶なるが領地郡山3万石は承応2年10月9日本家政勝の養子政長へ与えられる
本多政朝	忠政の二男、寛永3年兄忠刻の養子となり寛永8年本家相続、旧領は弟忠義・甥政勝に分知	元和元年（一六一五）7月1日	新知上総大多喜5万石拝領、元和3年播磨竜野へ転封	三河岡崎	寛永3年本家嫡子となり龍野城は親族小笠原長次へ賜う、寛永8年閏10月18日本家相続につき、所領5万石は弟忠義へ1万石、忠朝の子政勝へ4万石分知
本多忠晴	忠義の四男	寛文2年（一六六二）	父忠義から陸奥白川新	断絶	寛文4年7月18日本家

		11月25日	田2千5百石分知		家督相続につき、領地は本家忠勝家（三河岡崎）へ還付
井伊直孝	直政の二男、元和元年2月嫡子となる	慶長13年(一六〇八)	新知上野吾妻郡内5千石拝領、慶長15年上野群馬白井領内5千石加増	近江彦根	本家相続、所領は兄で別家となった直勝へ拝領
井伊直定	直該の六男	正徳4年(一七一四)2月23日	父から新墾田1万石分知	近江彦根	享保19年10月8日本家の養子となり所領は本家へ還付
戸田光規	光永の三男	宝永2年(一七〇五)4月15日	兄光熈から廩米3千俵分与	信濃松本	享保元年10月子光慈代本家相続につき、食録は本家へ還付
戸田氏利	氏鉄の七男	明暦元年(一六五五)5月7日	兄氏信から美濃大野郡内新墾田5千石分知	美濃大垣	寛文12年3月28日死去により采地は本家に還付
安藤重常	重長の三男	明暦3年(一六五七)11月21日	父の遺領上野群馬郡内1千6百石分知、寛文8年12月10日重元家の家督相続、重元拝領の3千石を合わせて領す	陸奥岩城平	享保11年2月16日子重武本家相続につき、采地は収公
戸田忠友		元禄12年(一六九九)	父の遺領下総国内3千2百石と新田3千8百石を分知	下野宇都宮	本人の奉公、領地は合わせて領す

増山資弥	利長の二男	正保4年（一六四七）12月5日	兄正利が拝領の廩米2千俵拝領	伊勢長島	承応元年2月18日那須資景へ養子、廩米は那須家に加えられる

表2—3　所領を還付された家門大名

氏名	続柄	知行年月日	知行地・石高	本家最終地	断絶理由
松平頼隆	頼房の五男	寛文元年（一六六一）9月26日	父より新墾田常陸保内2万石分知、元禄13年新知常陸石岡2万石拝領	常陸水戸	新知拝領、元禄14年2万石を本家へ還付
松平頼剛	頼重の四男	元禄11年（一六九八）5月25日	兄頼常より高松新墾田5千石分知	讃岐高松	元禄12年無嗣断絶につき、領地は本家へ還付
松平隆政	直政の三男	寛文6年（一六六六）4月29日	兄より出雲新田母利1万石分知	松江松平	延宝元年2月4日無嗣断絶につき、所領は本家へ還付
松平吉透	綱隆の五男	天和2年（一六八二）11月15日	兄より1万俵分知、元禄14年10月25日兄より出雲新田1万石分知	松江松平	宝永元年2月22日兄の養子となり所領は本家へ還付
松平知清	直矩の四男	正徳2年（一七一二）3月25日	兄より陸奥白河新田1万石分知	上野前橋	享保12年6月3日子義知代本家相続につき、領地は本家と合併

を優遇した結果と考えられる。

こうした点は、分家当主が本家を相続し、分家に相続者がいない場合、分家領を本家と合わせて領するということも当該大名家に対する優遇として指摘できる。たとえば、幕末の事例だが、慶応元年（一八六五）一月に戸田家（宇都宮藩）の分家旗本であった戸田忠友《ともただ》が本家を相続した際、「其方儀、今般本家を相続することを仰せ付けるにあたって、今までの石高である七千石は、本来収公されるところであるが、幼年の時より将軍の御側《おそば》近くで御奉公してきたので、格別の思し召しをもって、七千石はそのまま与えることにするので、特別のことと心得て相続《そうぞく》」するように命じられている（「戸田土佐守今般本家相続被仰付候ニ付可達候」内閣文庫）。忠友は将軍家茂の小姓を勤めており、この奉公が認められて知行が収公されなかったのである。知行が収公されないということは、それだけ大名本家や本人を優遇した結果なのである。

それから、別朱印分家と内分分家それぞれにおける還付状況については、やはり先の表2を見ると、どちらとも返還されていることが分かる。分家領が還付されるか否かは別朱印・内分という属性よりも、本家と幕府との関係によって決められていく要素が高いということであろう。

本家が改易される事例

本家が何らかの理由で幕府から改易の処罰を蒙った場合、幕府から本家とは別に領地を与えられる新知拝領分家は別として、本家から分知・分与を受けた分家はどうなるのであろうか。なかでも別朱印・内分両分家、それから分家が旗本の場合はどうなるのであろうか。

元禄一〇年（一六九七）六月、美作一国を領する国持大名であった津山藩主森長成《もりながなり》は、二七歳の若さで死去してしまった。長成には子がいなかったため、前藩主で養父であった同長武《ながたけ》および家臣は、幕府から長武の末弟（長継《ながつぐ》の九男）で家臣の関家を継承していた衆利《もろとし》を末期《まつご》養子とする旨の了承を得た。しかし、衆利は幕府から参府を命じられて、江戸へ赴く途中、伊勢で失心してしまった。このため、幕府は無嗣断絶として森家を改易とした。

この時点における森家の分家大名として、寛文五年（一六六五）一〇月に初御目見を果たして以来部屋住格大名《へやずみかくだいみょう》としてあり、延宝四年（一六七六）四月に新田一万五千石の分与を受けた長継の四男森長俊《ながとし》（貞享元年〈一六八四〉九月二二日、領知朱印状拝領）と、長継の弟でもあり、同人の実家であった関家を継承し美作国内一万八七〇〇石の分与を受けていた関長政の養子同長治《ながはる》（内分分家）がいた。さて、森家は衆利死去により改易となったが、長継がまだ八八歳という高齢で生きていたため、再び幕府へ奉公を行う再勤という形

図2　森家系図

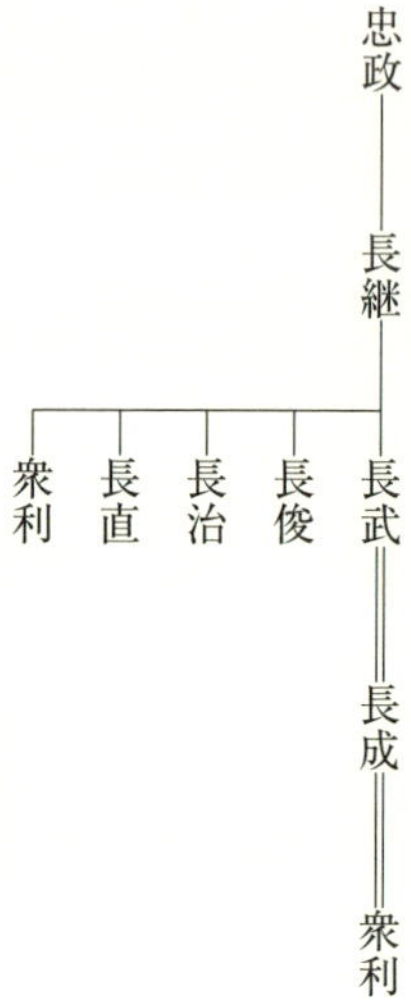

（註）‖は養子を示す

で備中西江原二万石を拝領した。これが森家の本家として存続していくことになり、子長直《ながなお》代に播磨国赤穂へ転封となった。そして、別朱印・内分両分家であった二つの分家大名については、本家の改易によって、長俊は播磨国乃井野《のいの》へ、関長治は備中国新《にい》見《み》へ転封となったものの、減封はなく、従来どおりの石高で存続した。

もう一例、美濃郡上八幡藩の藩主であった金森頼錦《かなもりよりかね》は宝暦八年（一七五八）一二月二五日、領内における年貢の収納方法の変更に端を発し、老中本多正珍《ほんだまさよし》の罷免にまで発展した、いわゆる郡上一揆《ぐじょういっき》のため、三万八千石を改易とされた。その後、頼錦は陸奥盛岡藩南部家にお預けとなり、金森本家は断絶となってしまった。しかし、幕府は、金森家の内分分家旗本であった可英《ありてる》（三千石）に対して、次のように達している（「本家領地召上の際内分の三千石其儘《そのまま》下さるニ付沙汰書」金森穰家文書、福井県立文書館）。

本家金森兵部儀、不届の品これ有り、今度領知召し上げられ候、其方儀、内分の事に

候えども、年久しく内分の事に付、格別の思し召しをもって、三千石そのまま下され、
地所の儀は追って引き替え下さるべく候
金森左京

幕府は可英に対して、本家の改易によって、本来なら内分分家なので領知を召し上げるが、内分といってもすでに分与されてから相当数の年月が経っているので、特別に従来どおり三千石を与え、領知について追って替え地を指定する、というのである。幕府は内分であっても可英のこれまでの領主権自体を認め、本家が改易となっても存続を認めている。これによって可英は、越前国内に所領を拝領することになるのだが、この時、金森本家は、頼錦の子頼興《よりおき》が父に連座していたため、可英は、この時から、交代寄合となっていた。交代寄合は、その所領が一万石未満ながらも、幕府内では大名として扱われるという格式であり、金森家は大名格として遇されることになり、一時的にだが、幕府は可英を金森家の本家として位置付けていたようである。しかし、明和三年（一七六六）四月二五日、頼興が旧家であるという理由から赦免され、稟米一五〇〇石を拝領すると、本家は再び、こちらの系統に戻されることになった。いずれにせよ、本件は、内分であっても本家と運命をともにしなかった事例である。

内分分家であっても、本家と運命をともにしないことは、森家や金森家でも見たように、いくつもの大名家において確認できるが、両家のように幕初以来の大名家である場合は、内分であっても存続していくことが多い。

赤穂浪士の主家赤穂浅野藩の事例

旗本家については、吉良邸に討ち入った赤穂浪士たちの主家であった播磨国赤穂浅野家（五万石）の事例がある。元禄一四年（一七〇一）三月一四日、当主浅野内匠頭長矩《たくみのかみながのり》が京都から来た公家衆接待役において高家吉良上野介義央《きらこうずけのすけよしなか》を斬りつけたため、幕府から即日切腹を命じられ、養子による家督相続も認められず、領地は収公され、御家断絶となった。

浅野家の分家については、長矩の弟で、同七年八月二一日に赤穂領内のうち新田三千石を分与され旗本となっていた浅野大学長広《だいがくながひろ》と、寛文一一年（一六七一）三月五日に本田のうち三千五百石を分与されやはり旗本となっていた長賢《ながかた》がいた。同人は、松平清昌《まつだいらきよまさ》の五男であったが、長矩の祖父長直《ながなお》に長く男子がいなかったため養子となっていた。寛永二〇年（一六四三）に実子長友《ながとも》が誕生したため、二男となり別家していた。

まず、長広（寄合）は、長矩が切腹した翌日に、連座として閉門に処せられ、赤穂藩の収公が決まると長広の新田領も召し上げられている。いっぽう、長賢家については、事件当時、当主はその子長武《ながたけ》（御先鉄砲頭《おさきてつぽうがしら》）であったが、一五日に江戸城への出仕が停止させられるものの、領地が収公されることはなかった。幕府が両人に差をつけた理由については、今一つはっきりとしないが、後者の長賢家は、本田分与であるため、すでに赤穂藩の高から除外されており、長広は新田の分与であったため、あくまで赤穂藩の高内の存在とみなされたのかもしれない。

また、他の浅野家を見てみると、長矩の正室阿久里《あぐり》の実家である三次《みよし》浅野家（広島藩の別朱印分家、五万石）は差控えとなったが、「同族」と言えども赤穂藩からは遠い続柄となっていた安芸広島浅野宗家は何ら処罰を受けることがなかったことからすれば、長広は長矩の弟という最も近い親族であるがゆえに領地没収されたが、長武はその由緒といい、領地没収されるまでの連座の対象とはされていなかった。

こうして見ると、庶子や分家が幕府へ奉公をすることによって、万一本家が存続できない状況になった場合でも、彼らが存続することで、家名や血統を連続させていくことができる。ここに、同じ分家であっても、大名家のなかで家臣化していった分家とは異なる分家創出の意義がある。

領知朱印状・判物の発給と内分分家

内分分家が石高の認知を受ける場合は、萩藩毛利家や佐賀藩鍋島家などいくつかの大名家を除いて、基本的に本家の領知判物・朱印状に書かれることによって幕府から公認されることになる。ただ、領知判物・朱印状の発給は、近世初頭や徳川家継《いえつぐ》や家宣《いえのぶ》など短命だった将軍を除き、基本的に将軍一代に一回限りのことであり、分家の創出時に領知朱印状が拝領できるとは限らない。

また、本家にとっても領知判物・朱印状が発給される際に、もし分家の朱印状が発給されてしまうと、本家の石高が減少してしまうことになるので、こうした事態は避けなければならなかった。このため、領知判物・朱印状が発給されるにあたっては、本分家の石高、および家の事情について幕府へ説明しておく必要があった。

本家の石高を守った蜂須賀家

一例として、阿波藩蜂須賀家で延宝六年（一六七八）一〇月一九日に二代藩主忠英《ただひで》の庶子隆重《たかしげ》をもって創出した阿波富田藩をあげる。隆重は正保元年（一六四四）五月七日、一一歳で徳川家綱の側近くに仕え、明暦三年（一六五七）三月一五日には詰衆《つめしゅう》となり、幕府から廩米三千俵を拝領していた。しかし、蜂須賀家では寛文六年（一六六六）五月二九日に藩主光隆《みつたか》が三七歳で死去してしまったため、子綱通《つなみち》が七月二五日に七歳で家督相続することになり叔父隆重が後見となった。さらに、蜂須賀家では綱通もまた延宝六年（一六七八）七月晦日に二三歳の若さで死去してしまうという不幸が続いた。

綱通には男子がいなかったため、父光隆の弟、綱通にとっては叔父に当たる隆矩《たかのり》の子綱《つな》矩《のり》が養子となり、蜂須賀家を相続した。綱矩は綱通にとって従弟であり、いまだ一七歳であったため、再び隆重が後見となった。また、隆重には新田分として五万石が分与されることになり、それまで幕府から拝領していた廩米は返上することになった。

こうしたなかで、延宝八年五月八日、将軍家綱が死去し、八月二三日、五代将軍として徳川綱吉が就任し、代替わりに伴う領知判物・朱印状が貞享元年（一六八四）九月二一日付で発給されている。この領知判物・朱印状の発給に際して、同年三月二六日、蜂須賀家が幕府の発給担当者へ提出した「口上書」の写しが二通残されているので、そのうちの一通をあげる（「口上之覚」蜂須賀家文書、国文学研究資料館）。

口上之覚

一私拝領高二十五万七千石の外、新田五万石蜂須賀飛驒（隆重）守方へ分知仕りたき旨、御先代願い奉り候所、御公儀向首尾よく相済み申候に付、右の通、分知仕り候、これに

図3　蜂須賀家系図

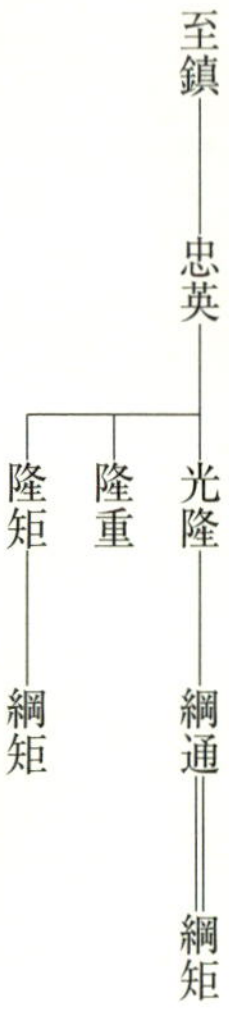

（註）＝は養子を示す

より飛騨守へ下し置かれ候三千俵、
其刻差し上げ、願の通仰せ付けられ、
今以五万石の格式に仕り罷り有り候、
以上

将軍家綱の時に、蜂須賀家の石高二五万七千石のなかで、新田分として隆重へ分知を願い許可されたこと、さらに同人が拝領していた三千俵は返上したこと、現在は五万石の格式を勤める大名となっていることを申告している。そして、もう一通の「口上書」では、こうした由緒については、家綱の時代の老中であった酒井忠清や久世《くぜ》広之《ひろゆき》にも伝えていたことを申し添えている。こうした事前の根回しをすることで、蜂須賀家では、隆重の五万石分を差し引かれてしまうことなく、二五万七千石の領知判物を拝領することができた。

別朱印を拝領するかどうか

本家から創出された分家が領知朱印状を拝領するかどうかについては、本家からの願い出があれば発給されることはもちろん、分家側が願い出れば発給された。この点を譜代大名の越後長岡藩牧野家（長岡本家七万四千石・与板《よいた》分家一万石）の事例から見てみよう（「御代々様御朱印御書替御頂戴一件」小諸牧野家文書）。

与板牧野家は、寛永一一年（一六三四）五月二一日、本家長岡藩の当主牧野忠成《まきのただなり》から、その二男内膳正康成《ないぜんのしょうやすなり》に対して、蒲原《かんばら》郡内一七ヵ村・三島《さんとう》郡内一三ヵ村の本田と新田をそれぞれ合わせて一万石余（代官所は与板と石瀬）を分与され成立した。その後、与板牧野家は、領知朱印状を拝領することなく、内分分家であったのだが、寛永一三年に江戸市谷門外の堀普請役を、慶安二年（一六四九）五月から常陸下館城の守衛を行うなど、幕府が命じる公儀役を勤めてきた。

そして、与板牧野家では寛文四年（一六六四）四月五日、幕府が諸大名に対していっせいに領知判物・朱印状を発給した、いわゆる寛文印知において、領知朱印状の拝領を望み、幕府内で発給担当者の一人である小笠原長頼《おがさわらながより》へ、どのようにすれば拝領できるのか相談をしている。すると小笠原は、長岡本家が領地の「水帳《みずちょう》めいさい」（郷村高辻帳）を幕府へ提出してから、同じく「水帳めいさい」を提出するように指示した。

このため、与板牧野家では、幕府へ「水帳めいさい」を提出して領知朱印状を拝領する手続きを取った旨を長岡本家へ報告したところ、本家は与板牧野家に対して、「一万石の御朱印を別紙にすることはしない。与板牧野家の知行は長岡藩の朱印高に含まれているので、康通（与板牧野家当主）から水帳を幕府へ提出することは無用である」と指示した。長岡本家では、これまでの内分分家としての扱いから別朱印分家となることに不快感を示し、提出を無用と命じたのである。

しかし、与板藩では、この本家の指示に対して「これまで三〇年に渡って一万石の領地を治め、さらに一万石の軍役をも勤めてきたので、水帳を差し上げることを延期することはできません」と、きっぱりと断り、水帳を提出してしまった。この結果、四月五日には、幕府から一万石の領知朱印状を拝領している。分家にとって領知朱印状は、将軍との主従関係を示す重要な文書であり是非とも拝領したいが、本家にとっては、分知した分家領が新田分として認められなければ、表高が減少してしまう恐れがあり、幕府内における長岡本家の身分格式の低下にもつながる問題であった。

このため本家当主牧野忠成は、小笠原ともう一人の発給担当者であった永井《ながい》尚庸《なおつね》に対して、五月一八日付で「覚」を提出して、祖父忠成から与板牧野家への分知は全て新田であった旨を申し送っている（『御附録』『越佐叢書』一三巻）。こうしたこともあって、与板領については新田分ということが幕府から認められ、長岡藩牧野家の表高が減少することはなかったが、万一幕府から新田として認められなければ、長岡本家の石高は一万石減少していただけに、与板藩牧野家（分家）の領知朱印状拝領をめぐり両家間に確執が残ることになった。

牧野家の事例からも明らかなように、別朱印分家・内分分家という区分は、あくまで後の時代から見た場合の分家の形態であるということである。領知朱印状は、近世初頭を除き、寛文印知以降、基本的に歴代将軍一代ごとに一回ずつ発給されることから、各大名家の分知時に、分家が領知朱印状を拝領するということはできなかった。つまり全ての分家は、創出当初は、内分分家からスタートしているということである。この点を考慮することなしに、これまでの研究では別朱印分家は自立的という評価がなされ、それが分家創出当初においても当てはめられてきた。しかし、これまで述べてきたように、分家の創出当初は、「家」というよりも庶子という立場であり、かつその父兄から扶養される立場であったことからすれば、別朱印分家に対する評価をもう一度考え直す必要がある。

別朱印分家は自立的？

これまで大名家の本分家関係については、別朱印分家は本家から「独立」「自立」的であり、内分分家は「従属」的だという、ある意味、一面的な評価がなされてきた。確かに本家から自立している別朱印分家もあるが、そのいっぽうで、多くの大名本分家を見ていくと、別朱印分家であっても本家へ従属している事例を数多く見出すことができる。そこで、別朱印分家と本家の在り方について、筑前福岡藩黒田家（本家）と筑前秋月藩黒田家（別朱印分家）の関係を見てみることにしよう。

秋月黒田家の祖黒田長興《くろだながおき》は、福岡藩主黒田長政《ながまさ》の三男として、慶長一五年（一六一〇）、福岡において誕生した。母は徳川家康の養女となった保科正直《ほしなまさなお》の娘である。元和元年（一六一五）五月には京都二条城において、母とともに家康へ御目見を行っている。同九年閏八月二三日、父長政の遺言により、兄忠之《ただゆき》から秋月五万石の分知を受けた。この時、長政は、知行とともに、家臣堀正儀を附家老として長興へ付属させている。これは幕府の成瀬《なるせ》正成《まさなり》や安藤直次《あんどうなおつぐ》が、家康の庶子徳川義直《よしなお》（尾張藩）と徳川頼宣《よりのぶ》（和歌山藩）それぞれへ付属して、分家当主を補佐しているのと同じことだと言い、また、「また其方（堀）は、忠之（本家当主）に対しても、私（長政）と同じように奉公をするようにせよ、長興に付けているからといって、忠之を粗略にしてはならない」（「家中奉公人知行出ス控」『黒田家文書』第二巻七〇号）と命じていることから、長政には秋月黒田家を本家から分離させていこうとするような意図は全くない。むしろ、本家の支配下に置いておく考えであった。

福岡藩によって編纂された『黒田家譜』によれば、寛永二年（一六二五）、長興は将軍徳川家光へ御目見をするため参府しようとしたが、忠之に止められたため、当時黒田家と不和であった豊前小倉藩細川家の助けを借りて江戸へ行った。このこともあって忠之と長興は不和になったという。そして、同一一年八月四日に長興は幕府から領知朱印状を拝領している。兄弟間の不和については残念ながら史料が残っていないことから検証することができないものの、「秋月藩主黒田長興誓紙」(『黒田家文書』第二巻一三六号・一三七号)という史料には、長興から忠之への誓紙が二通残されている。まず一通目は、寛永一四年一一月一〇日付で、まさに島原・天草一揆が勃発している最中に提出されたものである。このなかで長興は、「御家に対し諸事の儀、如在存じまじく候、万《よろず》御談合の儀、ふくさう(腹蔵)なく存寄の通申し上げるべく候事」と、「御家」=本分家を合わせたところの黒田家から離

図4　黒田家系図

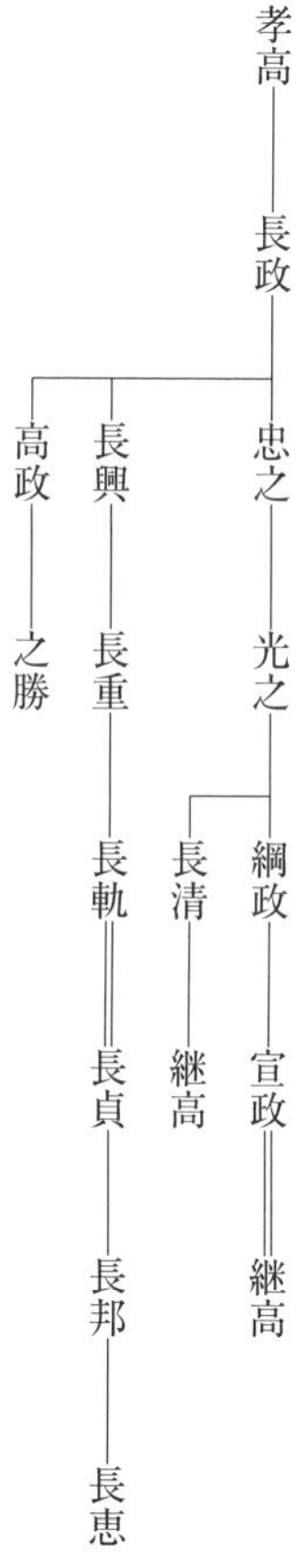

(註)　＝は養子を示す

れることはせず、何事も包み隠さず申し上げますと誓っている。

次に正保三年（一六四六）六月一九日付の二通目で注目したいのは、三ヵ条目に「私知行分ならび家頼《（家来）》まで一国御仕置を請、万事もうしつけべくの旨、畏まり存じ候、相違仕まじく候、召連候者にも、其段もうしつけべく候」と、本家が筑前一国規模で行う政治（藩政）については、秋月黒田家も従いますということを誓っている。福岡藩黒田家は、筑前国という一国規模を領する国持大名であり、当然、一国全体で藩政を展開することもある。

たとえば、この誓紙の一ヵ条目に幕府の上使がやって来た場合、郡単位の人馬提供を秋月藩の知行地でも差し出します、と誓っている項目などがあげられる。また、四ヵ条目には他大名とむやみに交際せず、父長政と「不通」＝仲が良くなかった大名や旗本とはけっして仲良くしませんと誓っている。黒田家と不和であった家として、細川家が有名であるが、江戸時代の大名家では、何らかの事情によって「不通」となった家同士は、日常の交際を完全に遮断してしまい、これを解除するためには「和睦《わぼく》」をする必要があった（松方冬子「『不通』と『通路』」）。長政と不仲であった者と本家当主である忠之が付き合っていなければ、分家である長興もまた付き合ってはならないのである。こうした交際についても、黒田家（本分家）として統一して行う必要があった。

長興の子長重《ながしげ》は、元禄四年（一六九一）五月一八日に後述する徳川綱吉によって設置された奥詰衆《おくづめ》となり、同年八月一五日には奏者番《そうじゃばん》に就任、宝永五年（一七〇八）二月二九日に職を辞すと、江戸城内で主に譜代大名が詰める雁間《がんのま》に詰めることを命じられるなど、幕府との関係を強めた。しかし、綱吉が同六年四月に死去すると、外様大名の殿席である柳間へと変更されている。

その後、五代当主長邦《ながくに》は、本家当主継高《つぐたか》の娘を正室とするなど、本家との関係を再び強めており、宝暦六年（一七五六）九月、秋月黒田家の当主が秋月に帰国している時は、これまで二回、福岡城へ行っていたのを、本家の希望によってもう一回増やし三回行くことにした（「少将様江於庭井野御出会之儀ニ付、藤右衛門出福之節彼方ニ而被相渡候書付」秋月黒田家文書、九州大学付属図書館付設記録資料館九州文化史資料部門）。福岡城へ定期的に通うこと自体、家臣としての扱いなのが、さらに増やすというのである。

長邦は、同一二年二月二五日に四一歳の若さで死去してしまった。その跡を嫡男長恵《ながよし》が相続したが、この前日、長邦の病が重く回復の見込みが立たないため、秋月黒田家では急遽、幕府へ長恵の家督相続願を提出したのだが、本家でも三月四日に長恵の家督相続を願う「添書」を提出している（「御跡目御願ニ付、従御本家様御添願ニて御先例桜田御記」秋月黒田家文書、九州大学付属図書館付設記録資料館九州文化史資料部門）。こうした本家が秋月黒田家の家督相続に関与するのは、やはり同家が分家だからである。

さらに、この時、本家から秋月黒田家へ「御意書」が出されており、長恵はまだ幼年なので家臣団は常に慎むこと、代々の法度《はっと》を守ることを命じるとともに、「政務筋の儀は、福岡家老中へ相伺い、もっとも重き儀は御耳に達し候上、御下知仰せ越さるべく候」ともしており、秋月黒田家の藩政に福岡本家が介入していることが分かる。

秋月黒田家は別朱印分家だが、これまで見てきたとおり、福岡黒田家の統制下にある存在だと言ってよいだろう。領知朱印状を拝領しているからといって、本家からの支配を脱することではない。もし脱することがあれば、それはもはや本分家関係を維持している状態ではないのである。

「同族」と「親類」

筑前黒田家をはじめ、大名家の多くは本分家関係を有していたのだが、大名家の親族について本書では、大きく「同族」と「親類」に分けておきたい。

まず、「同族」とは、まさに本分家のことであり、これは、共通した父系の先祖を持ち、本家を中心にいくつかの分家によって構成され、本分家それぞれの当主が交代していっても代々関係性が継続していくことを志向する親族組織である。本家を上位者、分家を下位者として位置付けるところに特徴があり、いわば縦の関係である。

また、倉持隆氏の研究によれば、陸奥国仙台の伊達家と政宗の庶長子秀宗《ひでむね》を祖とする伊予国宇和島の伊達家では、本分家という支配・従属関係に基づく上下関係を形成せず、宇和島伊達家は仙台に従属していない別家という意識であったという（「宇和島藩主伊達村候と仙台藩」）。もちろん、このような場合であっても、仙台が本家であることに変わりはなく、両伊達家を「同族」として捉えることができるだろう。

もちろん、大名家のなかには、この「同族」としての意識なり結合関係を喪失してしまい、お互い別々の家となってしまうこともあった。特に譜代大名家では、加増や転封の機会が外様大名に較べて多いため、本分家の領地が離ればなれになったり、本家と分家の石高に差がない場合など、本分家の関係性が消失してしまうことがある。この点については、後に牧野家の事例を述べることにしたい。

もう一つの「親類」については、婚姻や養子縁組を契機として成立し、婚姻当事者、もしくはその子・孫が死去することによって消滅してしまう、一世代を中心とした親族組織である。こちらは、上下関係に基づいたものではなく、基本的に対等を原則とする横の関係と言える。

江戸時代の大名家は、このような「同族」と「親類」という二つの親族組織によって構成されていた。そして、大名本分家は、まず、前提として、この「同族」としての結合関係があるということを理解しておかなければならない。分家が本家から自立しているのか、それとも従属しているのか、という点についても、この「同族」という枠組みのなかでの話である。

国持大名家における新知拝領分家

別朱印・内分両分家とも、本家の領地を割いて所領を分与したところに特徴があるのだが、大名分家には、将軍家から新たに土地を拝領した新知拝領分家もある。この場合、本家との関係はどうなるのであろうか。この点について国持大名の加賀藩前田家の事例から検討を行ってみよう。

まず、前田家の新知拝領分家は、上野七日市藩前田家である。同家の初代藩主前田利孝《としたか》は、文禄三年（一五九四）、前田利家の五男として金沢城内にて誕生した。その後、利孝は前田家の「証人」として母芳春院とともに江戸に詰め、大坂の夏・冬両陣ともに出陣し、元和二年（一六一六）、幕府から上野国甘楽《かんら》郡にて一万石を拝領した。城郭の建設や保有が公的に認められていない無城格であり、陣屋を七日市に置いた。

もともと利孝は本家から千俵、幕府から二千俵を与えられていた。この七日市藩の家臣団のうち、上層部は加賀藩本家から派遣されてきた和田監物・品川伊兵衛・斎藤権兵衛・保坂庄兵衛・大里半右衛門・藤井作右衛門が占め、その後もこれらの子孫が家老を独占した（『群馬県史』）。

さて、この七日市前田家と加賀本家との関係は、従来の研究では、ほとんど明らかにされてこなかった。それは地理的に加賀藩を中心に見ると七日市藩は遠い存在であったのかもしれないし、また、新知拝領分家は本家から「独立」していると見なされてきた研究上

図5　前田家系図

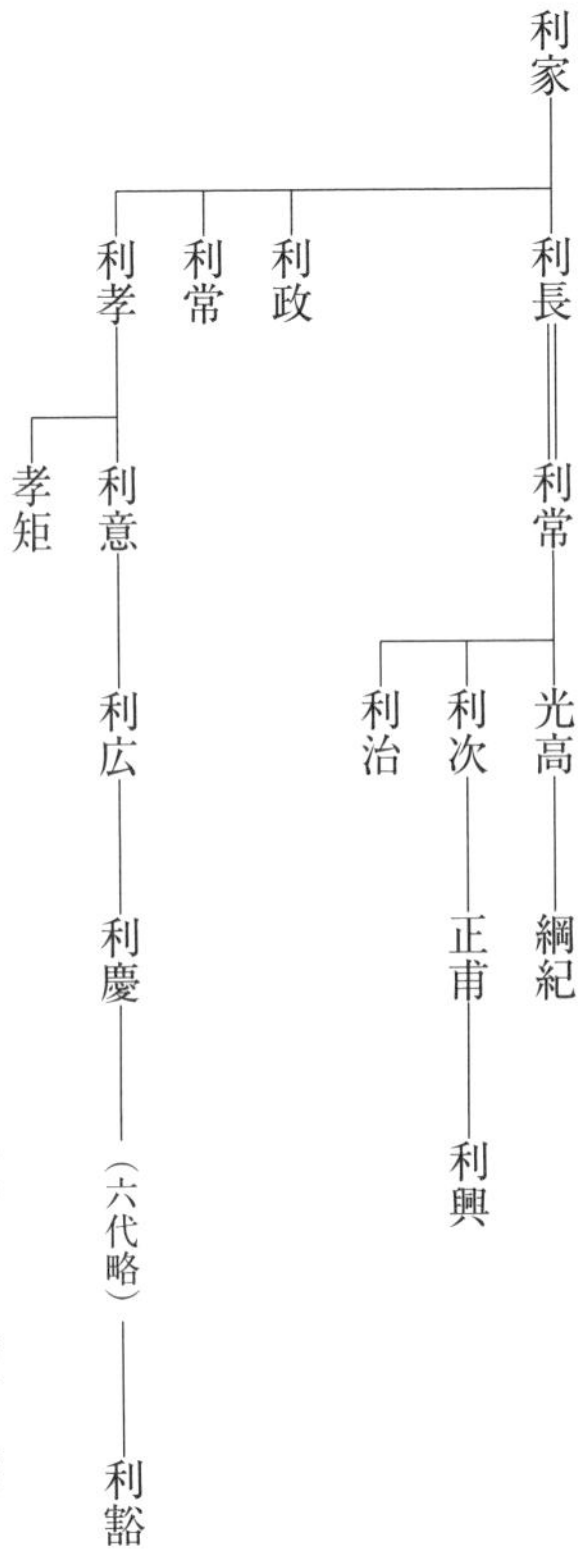

（註）＝は養子を示す

の問題があるのかもしれない。しかし、結論から言えば、両家は江戸時代を通して、密接な関係性を築いており、それは、上下関係に基づく本分家関係であった。特に両家を結び付けていた点として、本家による七日市藩への財政援助をあげることができる。

延宝二年（一六七四）一月には七日市藩主前田利意《としもと》の娘恭が加賀藩主綱紀《つなのり》の養女となったが、翌月には、財政の不如意のため、七日市藩から恭を加賀藩の家臣前田主膳と縁組させたいと加賀藩へ問い合わせがあった。これに対して綱紀は「如何様《いかよう》にも加賀藩より申し付けて良い」と許可した。このため前田家では幕府へも伺い、許可されている。

ただ、実際、恭は貞享元年（一六八四）九月二一日、加賀藩の大身家臣であった長時連へ嫁している。こうした加賀藩家臣との縁組みも、七日市藩にとっては、本家との関係を密接にしておきたいということだろう。元禄七年（一六九四）には利意の孫利慶《としよし》が国許への初入部を果たすと、加賀藩から初入部の祝いとして太刀・馬代などが到着しており（「右京様御代御入部磬之内」大里はつ家文書、群馬県立文書館）、日常にあっても交流を継続していた。

そして、近世後期になると、七日市藩の財政難から加賀藩への従属度が加速していく。七日市藩主前田利豁《としあきら》から加賀藩へ財政援助を依頼する「願書」が残されている（「御願書御案詞」大里はつ家文書、群馬県立文書館)。まず弘化四年(一八四七)七月二五日付の「願書」では、近年、水害や旱魃《かんばつ》のため領内で損毛《そんもう》が続いており、幕府への公儀役を勤めることもできない状況になっている。このため加賀藩は「御大国」なので何とか援助をお願いしたいというのだが、ここで七日市藩は、「今後は池之端《いけのはた》両家(富山・大聖寺両前田家)同様に御分家の扱いにして欲しい」とか、「当家は御大国の旗下(家臣)として付属している身分です」などと、みずから加賀藩を上位者、七日市藩を下位者として位置付けている。次に嘉永二年(一八四九)二月一日付の願書では、これまで加賀藩の「救助」によって何とか七日市藩は続いているが、困窮を極めており、どうか助力して欲しい。自分は江戸詰なので、もはや家政を加賀藩に任せて指揮を願うしかないとまで述べるのである。もはや、「自立」しているとは言えない状況であった。

なお、弘化四年の願書で利豁が言っているように、加賀藩前田家の分家大名である富山・大聖寺両前田家は別朱印分家ながらも、加賀藩への従属度が高く、たとえば、宝永三年(一七〇六)四月一九日、富山藩主前田正甫《まさとし》が死去した際、息子利興《としおき》への遺言として、何事も加賀本家の指図を受けるように命じるとともに、縁組も他大名家から話があったものの、本家との縁組を望んで許さなかった。今後ともそうするようにと命じている(『加賀藩史料』)。

加賀藩では、富山・大聖寺の両前田家と七日市藩前田家によって構成される本分家という枠組みのもと、「同族」としての結合関係を喪失することなく維持していた。ただ、こうした財政援助をはじめとする本分家関係の在り方は、やはり加賀藩が「大国」だからこそ可能であった。もし、本家に経済援助を行う余裕がなければ、本分家関係が喪失していくこともまた考えられるのであり、石高の低い譜代大名家では、また異なる本分家関係を想定する必要がある。

分家をつくる

分家創出の契機

大名家が分家を創る理由

前章では、幕府や本家との関係を通して、分家大名の特徴に関する検討を行ってきた。本章では、分家がどのような契機によって創られるのかといった問題や、家紋による本分家の区別の仕方、それから本分家がどのように変化していくのか、という点について考えてみたい。

まず、分家大名が創出される理由については、その契機に注目して、血統・家の維持、重臣対策、庶兄対策、幕府への出仕を目的、本家の名代・後見、「証人」、その他、に分けて考察してみることにする。もちろん、これらのパターンのうち、いくつかの契機が複合していたり、時代による変化もあるため、一概に一つのパターンに当てはめることはできない。

血統・家の維持

これについては、従来から大名分家の持つ役割・機能として指摘されてきたことであり、ほとんどの大名家において確認できるだろう。血統については、東アジア儒教圏における血統主義のもと、血統・血筋の連続を重視するものである。

もっとも、日本における相続の在り方は、養子を許容するところに特徴があるのだが、江戸時代にあっては、こうした家督相続によってでも「家」を連続させていくことが重要と考えられてきた。そして、「家」の連続は、祖先を尊び、先祖と（系図上でだが）連続するという考え方と密接に関連している。

この点を幕府の儒者であった林春斎《はやししゅんさい》（鵞峰、羅山《らざん》の三男）が丹後宮津藩主であった京極高国《たかくに》の依頼によって、京極家先祖代々の事跡を書き記した万治二年（一六五九）一月一一日の日付がある「佐々木京極家譜」（高松市立博物館）の序文から見てみよう。

ここで春斎は、家譜をつくり系図があることは先祖に対する忠孝をあらわすことになると説明する。それは先祖の武功や、（徳川家に対する）忠節をあらわすことになるからであり、そのためにも先祖がどのような家系なのかを知り、「弁其流之所分」、つまり本家・分家の関係をわきまえ守っていくことが大事であると説明している。続けて春斎は、忠孝を尽くすことで「家運永長」となり、それが「国家」とともに栄え、ひいては「枝葉繁衍《しようはんえん》」一族や分家も多くなり栄えることになるという論理で先祖の事跡をあらわす家譜の必要性を説くのである。

ここには、まさに先祖を尊び、先祖以来の本分家の秩序を守っていくことが重要視されている。こうした日本型儒教的意識のもと、血統の連続が重視され分家が創出されていくのである。

本家の相続人を輩出しない分家大名家

本家を維持していくため、家督相続者が不在となった場合、分家大名家から養子に行くことは珍しいことではなく、江戸時代を通して見られることである。ただ、分家大名家において当主や嫡男・庶子が本家の家督を相続してしまうと、その分家自体に相続者がいなくなったり、もしくは何らかの事情で他家から養子を取ることができず、その分家自体が絶家となってしまうこともあった。こうした場合、とりわけ近世初頭に分家を創出していた大名家の分家では、その分家自体の存続も望まれた。これは分家内部で、家の家名や財産などの存続を希求する「家」意識が発生することによるものである。また、幕府に対しても、後述するように、別朱印《べつしゅいん》・内分《ないぶん》各分家が本家を相続する場合のことについて幕府が定めた正徳二年（一七一二）閏六月の法令が出る以前においては、一度奉公をさせてしまった手前、本家であっても簡単に分家大名家を絶家にすることはできなかった。

このため、大名家では、分家大名にだけ本家の相続者確保を期待することはできなかった。そこで、これに代わる存在として期待されたのが、大名・旗本とはならず大名家内で家臣化していった分家、一門であった。佐賀藩鍋島家の場合、藩主鍋島綱茂《つなしげ》に家督を相続できる男子が誕生しなかったため、宝永二年（一七〇五）一二月、綱茂の弟で家臣神代《くましろ》家を相続していた直利《なおとし》を養子とした。直利は吉茂《よししげ》と名を改め、同四年五月に佐賀藩主となっている。さらに、吉茂にも嗣子がいなかったため、享保元年（一七一六）閏二月、やはり同じく吉茂の後に神代家へ養子に行っていた弟直堅《なおかた》（別に直薫《なおただ》とも）を養子とした。直堅は宗茂と名を改め、同一五年五月に吉茂の跡を継いでいる。神代家は、戦国時代、肥前国佐賀・小城《おぎ》・神埼《かんざき》の三郡にまたがる山岳地帯であった山内《さんない》地方を本拠地とした国人領主で、勝利・長良親子が鍋島家の旧主竜造寺隆信とたびたび争ったものの、長良代に隆信の戦国大名化の過程で服属すると、その重臣であった鍋島直茂の弟小川信俊《おがわのぶとし》の子家良《いえよし》を養子とした。そして、これ以降、鍋島氏の子弟の入嗣が続き、前述した藩主光茂の庶子直利や直堅も養子となるなど、鍋島氏の分家ではないにもかかわらず、分家同様の役割を果たす家となっていた。

鍋島家では、慶長期から庶子を江戸詰にして分家大名を三家（小城・蓮池《はすのいけ》・鹿島各鍋島家）、分家旗本を一家（餅木《もちのき》鍋島家）創出していたが、この時期に彼らが本家の養子となることはなかった。それは、分家においても養子となりえる人物が不足していた事情もあるのだが、それでも分家当主自身が養子となるという選択肢もありえた。しかし、これをしなかったのは、実は、先ほど述べた「家」意識が一七世紀中頃以降、三家においても発生していたことと、延宝から天和年間にかけて、本家と三家の間において、家臣団を巻き込んだ不和が表面化しており、結果、鍋島家では本家と三家の関係を規定した「三家格式」を制定するのだが、こうした背景もあって分家当主を養子に迎え入れることは、きわめて難しい状況にあった。分家当主を本家の養子にすることで、分家の存続が危ぶまれることは、分家にとっても避けなければならず、分家が絶家となることを良しとするためには、本家と分家の関係が安定し、日頃良好な関係を築いていなければ難しかった。分家大名家が必ずしも本家の血統や家を維持していたわけではなかったのである。

重臣対策

次に、特に中世以来連続する大名家では、旧来の一門諸家を押さえ本家権力としての宗主権を確立し安定させるため、本家の藩屏《はんぺい》として分家を創出することがあった。佐賀藩鍋島家の場合、近世初頭に領主交代があったものの旧主竜造寺家一門は存続していたため、鍋島一門である小城・蓮池・鹿島各鍋島家を創出することにより、彼らを藩屏として家内における当主の権力基盤を強化している。

庶兄対策

大名家の家督相続において、被相続者の第一候補となるのは出生順とともに、生母の身分が大きく影響する場合があった。たとえ長男であっても、生母の身分が低かったり、正室から二男が誕生すれば、その二男の方が嫡男として認知され、長男は庶兄として位置付けられていくこともあった。

ただし、こうした場合、長幼の順からして、年下の弟が本家当主として家督相続するため、庶兄の不満が高まる可能性があり、それがやがて御家騒動《おいえそうどう》へと発展しかねない。このため、大名家では、庶兄へ不満を抱かせないため、もしくは、本来、本家を継ぐはずであった者に対する憐憫から、知行を分与して分家とすることがあった。

一例として、佐賀藩鍋島家では、当主勝茂《かつしげ》の庶長子として元茂《もとしげ》がいた。元茂は、慶長七年（一六〇二）一〇月一一日に誕生したが、母は勝茂の戸田勝隆《とだかつたか》の娘付の侍女であった小西三右衛門の娘であった。元茂が出生した当初、勝茂には他に男子がおらず、長男として勝茂の家督を相続することが期待されていた。それは、元和二年（一六一六）一一月一三日付、村田八助信防と同源四郎忠次連署の起《き》請文《しょうもん》において、一条目において「直茂、勝茂、元茂から聞いたことは他言しません」と誓約するとともに、二条目では「元茂に対して二心・野心を抱きません」とも誓っていることからも明らかであった（「五番御掛硯誓詞書写」五七号、『佐賀県史料集成』二四巻）。

しかし、勝茂は慶長一〇年、徳川家から家康の養女（岡部長盛《おかべながもり》の娘）を正室として迎えており、同一八年に翁助《おうすけ》（後の忠直《ただなお》）が誕生した。さらに、元和元年一一月一一日には、忠直の同母弟として千熊《せんくま》（後の蓮池鍋島家当主鍋島直澄）が誕生している。

生母の違いや徳川家との関係から、当然、忠直の成長とともに同人が嫡子となった。そこで問題となるのが、鍋島家内において元茂を今後どのように扱っていけばよいのかということである。元茂は母親の身分が異なるにせよ、忠直よりも年長者であり、かつ一時は鍋島家の家督相続者とも目されていただけに、その処遇の仕方によっては、元茂の不満を引き起こすことになりかねない。

このため、元和三年、勝茂は、元茂をすでに隠居をしていた父直茂の養子として、この隠居料を引き継がせることにした。その後、元茂は隠居料の譲渡後、同年六月二二日付の起請文において、「翁助殿に対し奉り、向後二心無く、野心や粗略を致さず、万《よろず》御為よき様に相歎き申すべく候」と誓約しており、兄と言えども忠直の家臣として生きていくことになった。こうした元茂の存在については父勝茂も気掛かりであったようで、やや時期が離れるが、寛永一五年（一六三八）三月一五日付、勝茂より直澄宛の書状で、「元茂へ心遣いをするように」と命じるなど（「蓮池鍋島家文書」一一号、『佐賀県史料集成』一四巻）、元茂へ気遣いをする様子がうかがえる。

幕府への出仕や奉公を目的

次に庶子が幕府から大名や旗本として召し抱えられることを期待して創出された事例をあげる。これには、幕府の命令によって分家を創出する場合と、大名家の願いによって分知されるものとがある。

前者の代表的なケースとして、寛文四年（一六六四）九月、陸奥盛岡藩南部《なんぶ》重直《しげなお》が後嗣を決定せずに死去したため、幕府はその弟同重信《しげのぶ》に遺領一〇万石のうち八万石を、同じく弟同直房《なおふさ》に二万石を分けることを命じており、南部家は二家に分かれて存続することになった。これは幕府権力が南部家自体の存続を期待してのことであったろうし、かつ、当時、家中が二派に分裂していた同家の御家騒動を回避するための措置であったと思われる。

後者としては、豊後佐伯藩毛利家の事例をあげておく。毛利《もうり》高政《たかまさ》の二男高定《たかさだ》は、慶長一七年（一六一二）、参府して徳川家康に対して御目見《おめみえ》を果たすとともに、月俸七〇口を拝領した。その後、元和四年（一六一八）にいったん国許《くにもと》へ帰国するが、寛永九年（一六三二）に再び江戸へ赴き、同一〇年一一月三日、将軍徳川家光へ御目見を果たすと、毎月朔日・一五日・二八日に登城する月次《つきなみ》の御目見を行い続け、翌年、書院番へ入番して廩米《りんまい》三〇〇俵を拝領した。毛利家の庶子としての立場から、廩米を拝領することで将軍との主従関係も成立し、旗本として独立することになったのである。

本家の後見や名代

本家当主、もしくは嫡子が幼少であったり病弱である場合に、庶子に対して分知《ぶんち》をして分家を創出しておくことがある。

万治三年（一六六〇）、幕府は仙台伊達家当主綱宗《つなむね》の所行がよろしからずとして逼塞《ひっそく》・隠居を命じるとともに、嫡男亀千代（後の綱村《つなむら》）が二歳であったため、政宗の九男伊達宗《むね》勝《かつ》と政宗の子忠宗の三男田村宗良《たむらむねよし》に後見を命じるとともに、伊達家領内にてそれぞれ三万石宛を分知するように指示している。

宗勝は寛永九年（一六三二）一一月に家光に対して初御目見を果たし、正保二年（一六四五）一二月には従五位下諸大夫に叙爵されており、すでに部屋住格大名として認められていた。

いっぽう、宗良はこれまで幕府へ出仕したことはなく、家臣化していた。国許の重臣たちを押さえ伊達本家に家臣団の紛争を防ぐために、将軍とのつながりを持つ一門が、幼少の当主を補佐する後見としての役割を担ったのである。

大名家側から庶子の奉公を願い出ることの政治的意味を考えてみると、当主が病や帰国などしているため、その名代となったり幕府への使者を務めるために幕府奉公をさせるということがある。たとえば、正保三年八月一二日、加賀藩主前田利常《としつね》が御暇《おいとま》を拝領した際、分家大名前田利孝《としたか》（上野七日市藩）の二男孝矩《たかのり》もまた御目見を果たしたが、これは孝矩が利常の甥に当たるため、孝矩を「向後は肥前守（利常）名代の御礼、其外殿中へ用事これある時々、御老中まで使者等にも差し上げ申したき」ため願い出て許可されたものである（『江戸幕府日記　姫路酒井家本』）。加賀藩前田家では、分家の庶子、つまり二次分家であっても前田家の「同族」として、江戸城内における老中と接触する役割を期待していたのである。

それから本家当主が幼少や病の場合、その名代となり本家が勤めている「役」を代わりに勤めるという役割もあった。長崎警備という公儀役を勤めていた黒田・鍋島両家では、本家当主が幼少や病であれば、分家が名代として長崎へ赴くこともある。鍋島家を見てみると、一七世紀では正保四年、万治三年の二回、一八世紀では明和二年（一七六五）、天明五年（一七八五）の二回に渡り、本家の名代として、その分家大名であった鹿島鍋島家の当主が長崎へ赴いている。

「証人」として参府

次に幕府へ「証人」として参府したことに由来する事例をあげる。

これは血統・家の維持、重臣対策、庶兄対策、幕府への出仕の目的とも重なり、特に幕府への出仕とは目的として同一と思われるが、政治的意味が異なるので、分けて考えることにした。

このタイプは、近世初頭、徳川家と外様《とざま》大名家間では緊張関係が存在したことから、大名家が庶子や兄弟を嫡子などとともに江戸に詰めさせたことに始まるものである。本来、庶子が上意権力のもとに詰めるということは人質としての意味合いが強い。

一例として、関ヶ原の戦いにおいて、八月一〇日付、石田三成《いしだみつなり》が真田昌幸《さなだまさゆき》・同幸村《ゆきむら》に宛てた書状によれば（『大日本古文書』家わけ第二「浅野家文書」一一三号）、会津攻めのため家康に従って下野小山にいた石川康長《いしかわやすなが》（信濃松本八万石）の去就について、「康長は、大坂に妻子や兄弟がいるので、おそらく豊臣家に対して敵対することはできない身上であろう」という予想を立てており、妻子や兄弟が「人質」となっていることが分かる。

江戸幕府の証人制度は、当初大名家が自発的に妻子を在江戸させたことに始まり、慶長一四年（一六〇九）にはこれを強制し、元和八年（一六二二）になると「証人」としての対象者は大身《たいしん》家臣の子弟となっている（在原昭子「江戸幕府証人制度の基礎的考察」）。大名の庶子は、実質的には人質であるものの、制度として在江戸が規定された存在ではない。特に国持大名が庶子を徳川家へ奉公させるという行為は、直接徳川家の軍団に吸収される譜代《ふだい》大名とは異なり、服従を内外に示すものと思われる。後年の史料となるが、阿波蜂須賀家当主至鎮《よししげ》の二男隆重《たかしげ》について書かれた「寛楽様御成立書」（蜂須賀家文書、国文学研究史料館）によれば、寛永二一年（一六四四）五月七日に徳川家綱の付属人として隆重が召し出された際のこととして、「竹千代（家綱）様御人初、国持の次男差し上げしゅうぎ御満悦に思し召し、阿波守至鎮大坂軍功同然の忠節に思し召さるるの由、大猷院（家光）様御直《おじき》に阿波守殿に上意」があったと述べており、国持大名庶子の差し出しを軍功同然の功績として「満悦《まんえつ》」とする幕府側の認識をうかがい知ることができる。こうした「証人」として参府した庶子たちは、幕府内で大名としての格式が与えられていくことになる。ただ、慶安期から寛文期にかけて幕藩関係の安定とともに「証人」としての意味合いも消滅していく。

その他としてあげる契機として、親の息子（庶子）に対する愛情によって分知が行われるケースがある。江戸中期の儒者荻生徂徠《おぎゅうそらい》が、八代将軍徳川吉宗に提出した著書『政談』のなかで、大名の身上が四、五〇万石から一〇〇万石では大きすぎるので家を二つに分けることを提言して、「この例出来《しゅったい》せば、末子にても、父の愛子ならばおのずから身上を二つに分けたき願い、いくらもあるべき也」と述べているように、大名であっても人の子、大名によっては自分の庶子を部屋住で終わらせるのではなく、知行を与えて「家」を立てさせ、できれば大名にしたいという願いによるものである。

愛情による分知

備中松山藩池田家の惨事

しかし、大名当主が愛児を大名にしたいと思っても、もし、他の一門や家臣などの反対があれば、思わぬ家中騒動になりかねない場合もあった。実際、大惨事となった備中松山藩の例をあげよう（「主水正安信・佐渡守安経両人之儀御尋ニ付旧記写一冊」脇坂家文書、龍野市立歴史文化資料館）。

寛永九年（一六三二）、松山藩池田家（六万石）の当主長幸《ながよし》は、病が重く医師からも回復は難しいと宣告されたため、「親類」であった脇坂安信《わきさかやすのぶ》（一万石）を藩邸に招き、子どもたちへの分知について相談をした。池田家と脇坂家は、安信の娘が、安信の兄安元《やすもと》（信濃国飯田藩五万五千石）の養女となって、長幸の二男長純《ながずみ》へ嫁いでいた。

さて、長幸の分知案は、領地のうち、長男長常《ながつね》へ五万石と武具・馬具類など全てを譲渡し、二男長純へは一万石の分知と幾ばくかの金銭を譲りたい、家来についても好き好みがあるだろうから両人で相談して決めて欲しいというものであった。相談を受けた安信は「大変結構なことです」、と答えて帰った。その後、いよいよ長幸の病が重くなったため、四月四日、やはり池田家の「親類」であった堀直寄《ほりなおより》（越後国村上一〇万石、長常の義父）や、安元が公家衆馳走役で日光へ行っていたため、弟で安元の養子となり嫡子となっていた安《やす》経《つね》などが池田家の屋敷へ集まり相談を行った。

しかし、安経はこの日、頭痛がひどく、さらに寒気までもよおしていたが、重要な親族会議であったため、無理をおして長幸の屋敷へ行ったものの、到着後も治らないため、長純の羽織を借りて同人の部屋に控えて休んでいた。すると、突然、長幸の弟であった池田長頼《ながより》（三千石）が部屋へ入って来るなり、安経へ斬りつけてきた。安経は脇差しを手に掛けたが、そのまま絶命してしまった。ちょうど、その時、同じ部屋へ安経の叔父に当たる安信が入ってきたため、長頼は隣の次の間へ移り、そこにあった階段を駆け上っていった。そこで安信は抜刀したうえで二階へ上がりかけたところで、上から長頼が斬りつけてきた

図6　池田・脇坂両家婚姻関係図

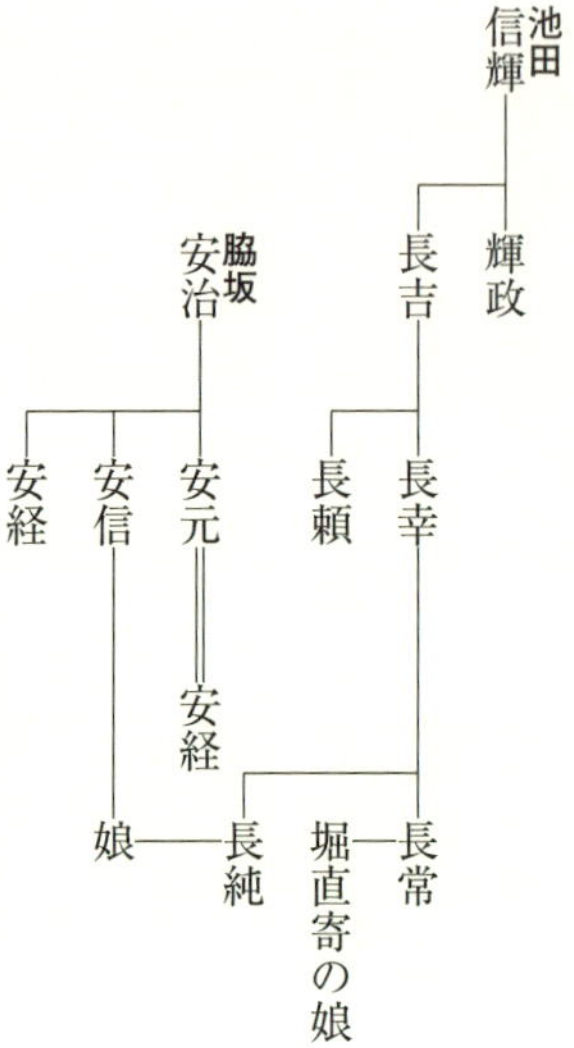

（註）＝は養子を示す

ため、階下へ落ちてしまい気絶してしまった。安信はそのまま、家臣によって駕籠に入れられて自分の屋敷へ運び込まれたのであった。

この後、幕府から検使が来て、長頼が斬りつけた動機について、池田家の「親類」に問い質したところ、堀直寄が言うには、実は、長幸の分知案は、長男長常に一万石、二男長純へ五万石というもので、これは、今回来ていなかった脇坂安元とも相談済みであったというのである。このように長幸が分知する理由は、長常が日頃長幸の心にかなわず、長純は「愛子」だからというものであった。しかし、これを聞いた長頼は、長男・二男の順が違う相続であることを主張して、直寄に対して、長純を刺し殺し自身切腹をして自分の「家」が改易になってでも池田（長幸の本家）の「家」を守ることを了解してもらいたいと事前に言っていたというのである。このため、殺された安経は不幸にも人違いであった。この後、脇坂家では譜代大名の堀田家から養子を取ることになり、本一件は脇坂家が外様大名から願譜代《ねがいふだい》となる大きな契機となったのだが、この事件から、次の二点について指摘できるだろう。

まず第一に、愛子を相続者としたい大名の存在である。それから第二にこの時期に長男・二男の順よりも自分の意思（愛子であること）を優先させようとする大名当主の考え方と、兄弟の順を守ろうとする長頼の考え方が併存していたことである。一七世紀前半頃までの武家社会において、政治的な事情から兄弟における家督相続の順序が逆になってしまうことは、たとえば徳川家において、家康の三男秀忠《ひでただ》が兄の結城秀康《ゆうきひでやす》を差し置いて将軍職に就いたことに象徴されるように、全くあり得ないことではなかった。しかし、いっぽうで、長幼の順によるという考え方も存在していた。当事例は近世初頭のいまだ流動的な状況をあらわしている。

熊本藩細川家における庶子たちの身の振り方

本章での最後に、江戸に詰めたり、将軍へ初御目見を果たした庶子たちが、その後、どのような道を歩んでいくのか、いわば将来の落ち着き先について、熊本藩細川家の当主忠興の庶子たちを通して見てみることにする。

江戸に詰めたり、将軍へ初御目見を果たすということは、将来、幕府へ奉公する意思が

表3　細川忠興の男子一覧

続柄	名前	生年	生母	状態
長男	忠隆	天正8年	明智光秀娘	廃嫡
二男	興秋	天正11年	明智光秀娘	自殺
三男	忠利	天正14年	明智光秀娘	嫡男となる
四男	立孝	元和元年	清田氏娘	寛永16年初御目見をするが正保2年死去
五男	興孝	元和2年	清田氏娘	細川氏家臣

あることを示すことになるから、これらのことを果たすと皆、分家大名や分家旗本となっていったのであろうか。

まず、細川家のなかで、江戸へ参府をしたり将軍へ初御目見を果たした庶子たちについては表3にあげたとおりである。細川家の庶子のなかには、初御目見を果たしたかどうか不明ながらも、慶長一〇年（一六〇五）から江戸へ細川家の「証人」として詰めていた忠《ただ》興《おき》の二男興秋《おきあき》や、同じく「証人」として元和五年（一六一九）から詰めていた五男興孝《おきたか》といった者たちがいる。興秋は、後の大坂の陣では豊臣方となって大坂城へ入城したため、戦後、父から切腹を命じられている。また、興孝は細川家の家臣となり、一万石を給され、刑部家《ぎょうぶけ》と呼ばれ存続しており、一門家として藩内で重きをなすことになる。

なお、忠興の跡を継いで本家当主となった三男忠利《ただとし》もまた、慶長五年一月から「証人」として詰めていたが、関ヶ原の戦い後、忠興は、嫡子であった忠隆《ただたか》を、徳川家の手前、その正室であった前田利家の娘千世と離縁するように迫ったが拒絶したため、同九年八月に嫡子の身分を剝奪する廃嫡《はいちゃく》としたため、代わりに忠利が嫡子となった。こうした政治的理由以外にも、病気など嫡子に万一の場合に代わりに嫡子となって本家当主となることがあった。

また、忠興の四男立孝《たつたか》の場合、寛永一六年（一六三九）九月二〇日に将軍への初御目見を果たし、島原の乱では兄忠利《ただとし》とともに出陣し、同一六年九月二〇日には将軍家光へも御目見していたが、正保二年（一六四五）閏五月一一日に三一歳の若さで死去してしまった。そこで細川家では、六月一一日に遺児行孝《ゆきたか》へ宇土にて三万石を分知し、八月四日に家光へ初御目見を行っている。こうしてみると、立孝はもう少し長生きをしていれば分知を受けたり、官位を拝領していた可能性もあったのかもしれない。この点、忠利の嫡男で家督を相続した光尚《みつなお》の二男利重《としげ》の場合、万治二年（一六五九）八月一三日に一四歳で将軍家綱へ初御目見を済ませると、翌年一二月二八日に従五位下諸大夫に叙爵され、若狭守を名乗った。その後、分知を受けたのは寛文六年（一六六六）七月二一日であり、兄綱利からやはり廩米をもって三万五千石を与えられたのである。利重は初御目見以降、部屋住格大名《へやずみかくだいみょう》として存在していた。

それから、これは熊本藩主の庶子ではないのだが、熊本藩の分家常陸谷田部藩細川家の三代藩主興隆《おきたか》の二男であった泰和《やすまさ》は、寛文一〇年二月二八日、徳川家綱へ初御目見を果たしていたが、その後、旗本加藤光定《かとうみつさだ》（三千六四〇石）の養子となり、延宝三年（一六七五）一二月一一日、同家の家督を相続している。他家へ養子となった庶子の事例である。同じく谷田部細川家の四代藩主興栄《おきなが》の三男興貞《おきさだ》もまた、宝永二年（一七〇五）閏四月一五日、一二歳で綱吉へ初御目見をしていたが、同六年二月二八日に死去してしまった。興貞へは知行の分与を行っておらず、知行＝家産がなかったので、同人の跡を相続する事態もまた発生せず断絶してしまった。庶子は、代々相続していく知行がなく、もしくは、先ほどの立孝のように本家から遺児へ知行の分与が行われなければ、その身一代限りであったところに特徴がある。

以上、熊本藩、およびその分家大名であった谷田部藩の庶子たちは、大名となる者、本家の当主となる者、他家へ養子として行く者、一代限りで断絶してしまった者など、さまざまな選択肢があるなかで、将来が決定していったのである。

家紋が語るもの

本分家のなかには、本家が何らかの理由によって、断絶してしまうか、もしくは幕府から処罰を受け、没落してしまうこともあった。

分家へ家紋を譲り渡す

戦国時代、三河額田郡の山間部に勢力を持ち山家三方衆《やまがさんぽうしゅう》と呼ばれた菅沼家の場合、本家嫡流の菅沼三照《すがぬまみつてる》は、今川・武田・徳川と主君をかえながら「家」を存続させてきた。徳川の世になると、結城秀康《ゆうきひでやす》に付属となり、その子定重《さだしげ》も秀康の子松平忠直《ただなお》に仕えたが、元和八年（一六二二）八月二四日、嗣子無く死去したため、「家」は断絶してしまった。この菅沼家は、家紋として天皇家から拝領したとする由緒を持つ六釘抜《むつくぎぬき》紋を使用していたが、定重は遺言で、これを「同族」の野田菅沼の菅沼定芳《さだよし》に譲り渡している。定芳の父定盈《さだみつ》は、徳川家に属し、武田信玄《たけだしんげん》の西上作戦においても三河野田城を守り、元亀四年（一五七三）には落城しても徳川家に従うなど、忠節を尽くした系統であった。

その後、関ヶ原の戦いでは江戸城の留守居番《るすいばん》を勤めたが、大坂冬夏の両陣で定芳は戦功をあげたことから、元和七年八月、それまでの伊勢国長島二万石から近江国膳所城《ぜぜじょう》三万一〇〇〇石へ加増転封《てんぽう》となった。このように、徳川家の家中においても立身しているなかで、定重は、定芳へ本家が用いてきた六釘抜紋を譲り渡したのである。本家が断絶するなかでの、この家紋譲渡は、野田菅沼家が本家となることを意味しているだろう。その後、定芳の子であった定昭《さだあきら》は、正保四年（一六四七）九月二一日に二三歳の若さで死去してしまい、子がいなかったため、野田菅沼家は一時断絶となってしまうのだが、その弟定実《さだざね》・定賞《さだよし》にそれぞれ七千石と三千石が新たに与えられ、家名存続が許された。このうち、定実は、寛文八年（一六六八）、交代寄合として万石以上の格式を与えられ、さらに江戸城内において有力譜代《ふだい》の殿席《でんせき》である帝鑑間《ていかんのま》と定められるなど、幕府から優遇されている。ただし、定実に至って、六釘抜紋を改め、もともと使っていた三釘抜の紋に戻している。

また、菅沼家の「同族」のなかで万石以上となったのは、もう一家、いわゆる田峯の菅沼家と呼ばれた「家」があり、こちらは父を奥平信昌《おくだいらのぶまさ》、母を徳川家康の娘亀に持つ忠政《ただまさ》

図7　菅沼家系図

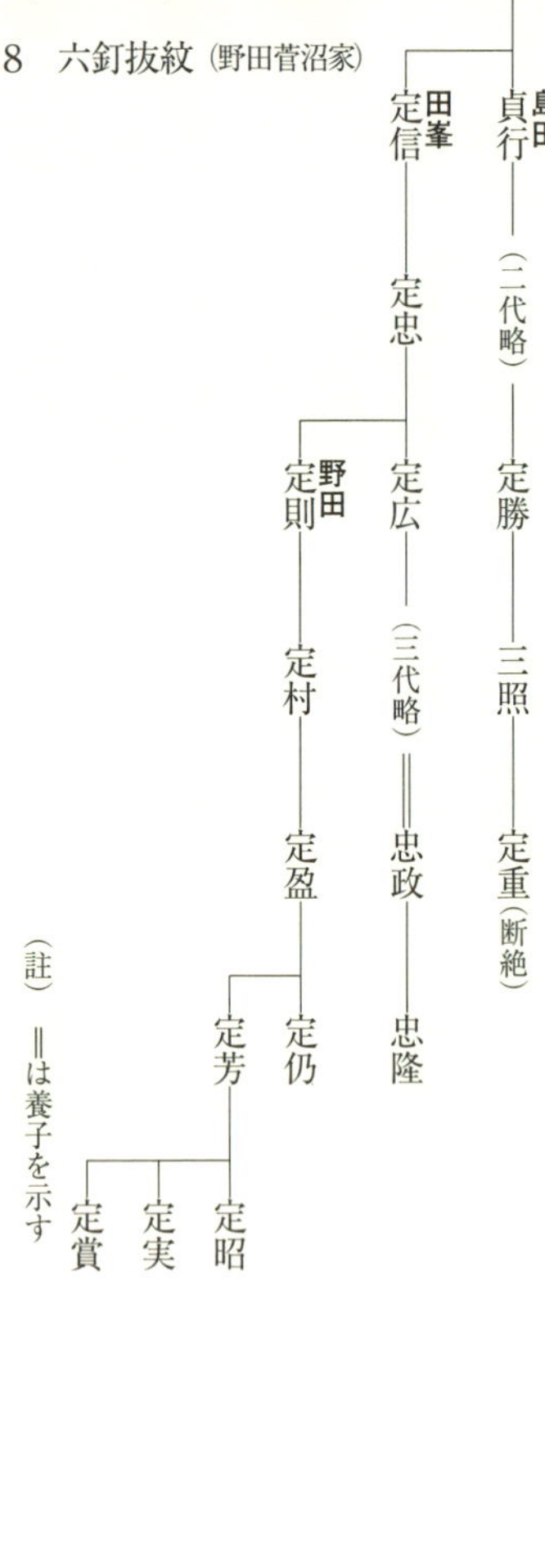

図8　六釘抜紋（野田菅沼家）

が養子として入嗣したことにより、慶長七年（一六〇二）美濃加納一〇万石を拝領している。しかし、同人は病がちのため、同一七年に三五歳で隠居をし、その跡を一子忠隆《ただたか》が継いだが、いまだ五歳の少年であった。したがって、菅沼本家定重が定芳へ家紋を与えた元和八年当時も、前年に元服をしたばかりの一五歳であり、「同族」の中心となることは難しかった。こうした事情を考えると、近世初頭の菅沼家において、実質的に「同族」の中心にあったのは定芳であり、定重は、田峯菅沼家よりも野田菅沼家を本家とすることで、その存続を意図していたと考えられる。

家紋があらわす本分家

分家大名も将軍との主従関係を有しているだけに、その関係性を強めていくことによって、本家との関係が希薄となったり、もしくは喪失してしまうこともあった。また、将軍の存在をもって、分家大名が本家に対して反抗したり本家の統制から逃れようとすることもあった。このため大名家では、同族間において、本家を上位者、分家を下位者とする本分家関係を形成していくため、さまざまな方法を用いた。

たとえば、附家老を派遣して本家の意思を分家へ反映させていたこともあったのだが、ここでは、家紋の創出、という観点から見てみたい。

家紋がどうしてと思われる読者もおられるかもしれない。しかし、江戸時代の武家社会において、家紋とは、「家」そのものをあらわすとともに、他者が一目見て、どちらが本家なのか、分家なのかを判断するための基準となり、本家と分家の地位を視覚的にあらわす役割や機能があった。大名家が分家を創出した場合、ほとんどの分家は一族の証として、本家が用いてきた家紋の形を少し変えて用いることになる。また、本家でも分家との差別化を図るため、江戸時代を通して、少しずつ家紋の形を変えていく場合がある。かかる点については、美術史の分野から佐賀藩鍋島家の家紋の変遷について明らかにした野口朋子氏の研究成果に拠りながら、佐賀藩の状況を見ていくことにしよう（「鍋島家の家紋・杏葉紋について」）。

佐賀藩鍋島家が江戸時代において用いていた家紋は、杏葉紋《ぎょうようもん》である。杏葉とは古代から馬具の装飾具として使用されてきたものであるが、その形状の優美さから、鎌倉時代には、家紋として公家で用いられるようになった。武家の使用例として有名なのは、豊後の大友氏である。大友氏は、戦功をあげた家臣に褒美として杏葉紋を与えたことから、彼らは同紋衆《どうもんしゅう》と呼ばれた。杏葉紋は大友氏の勢力が拡大していくのとともにその権威を高めていった。鍋島家が使用したのは、元亀元年（一五七〇）に佐賀へ侵攻してきた大友軍を撃退した今山の戦いで、大友氏から杏葉紋を奪い取ったことに始まるという。

鍋島家の杏葉紋は、大友家のものとは若干形状が異なっており、大きく筋杏葉紋《すじぎょうようもん》（図9）と花杏葉紋《はなぎょうようもん》（図10）の二種類に分けられる。このうち筋杏葉紋は、本家のみが用いる定紋であり、鍋島家の分家大名であった小城《おぎ》・蓮池・鹿島各鍋島家の三家は、それぞれ形状が異なる花杏葉紋を用いた。分家もまた一族の証しとして本家と同じ杏葉紋を用いたわけだが、たとえば、小城鍋島家の場合、花杏葉紋の回りに枠《わく》（構《かまえ》・入角《すみ》）を配して、本家や他家と区別している（図11）。これは三代藩主鍋島元武《もとたけ》が水戸の徳川光圀《とくがわみつくに》と非常に仲が良かったこともあって、枠（角）を光圀から拝領したという（『元武公御年譜』）。いずれにせよ、他の大名家においても、とりわけ一七世紀後半以降になると、本分家の家格・格式が定まってくることによって、分家は枠（入角）を付けるなどして、本家の家紋とは区別する事例が多くなる。

ところで、佐賀藩では、本家も最初から筋杏葉紋を用いていたわけではなく、もともとは花杏葉紋を用いており、筋杏葉紋は一七世紀後半以降に見られる。現在、筋杏葉紋に関する最初期の作例は、延宝五年（一六七七）の銘を持つ飾板（図12）であり、鍋島家の旧主竜造寺家の時代から厚い信仰のあった城下与賀《よか》神社の拝殿にあったものである。葉の部分に筋が刻まれており、蘂《しべ》がある花杏葉紋とは区別される。この筋杏葉紋が作成された背景として、実は、この時期の佐賀藩では、次章でも述べるとおり、本家と三家の間で、三家が幕府内でどのような処遇を受けるかといったことや、本家が三家を家臣扱いしたことから、険悪な状態となっていた。

これは、結局、幕初以来、本家と三家の関係性について、きちんと定めることがなかったことから発生したものであったのだが、本家では、誰もが一目見て理解することができ

図11　花杏葉紋（小城鍋島家）

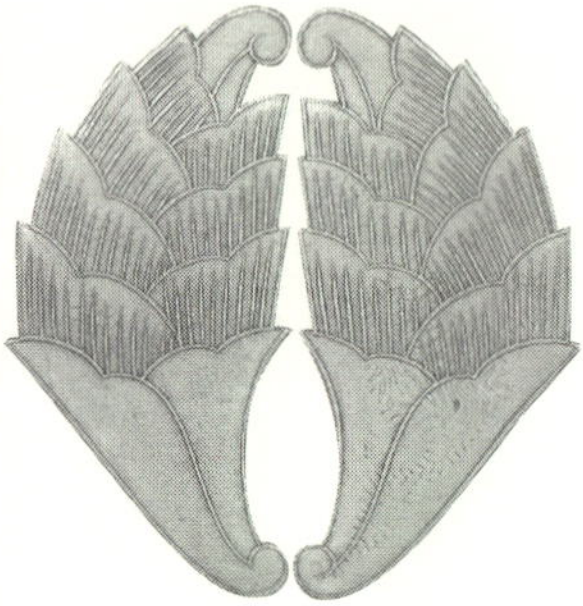

図９　筋杏葉紋

図10　花杏葉紋

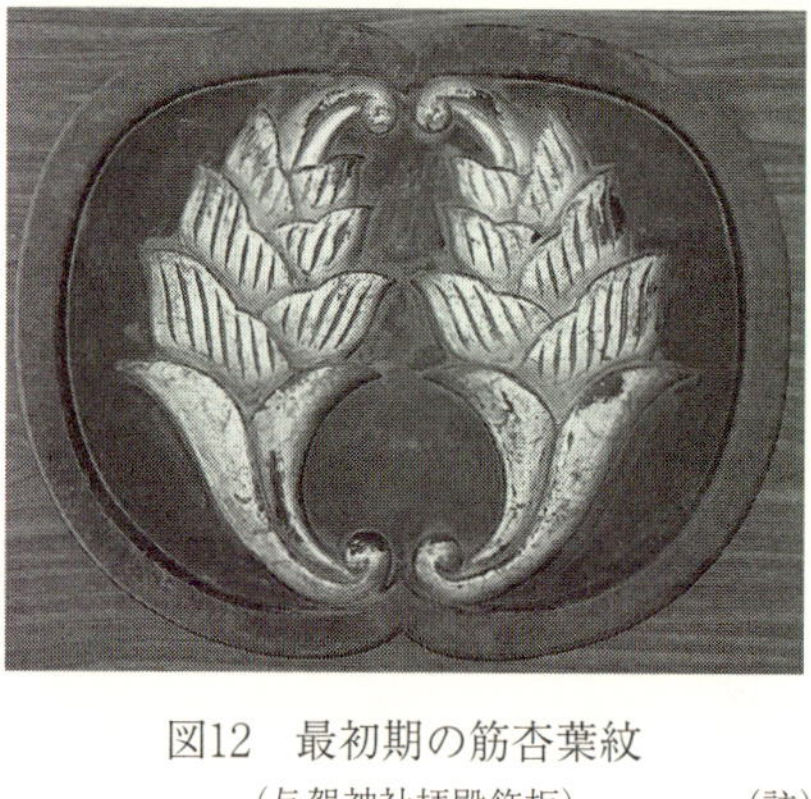

図12　最初期の筋杏葉紋
（与賀神社拝殿飾板）

（註）図９～図13は野口朋子氏論考より

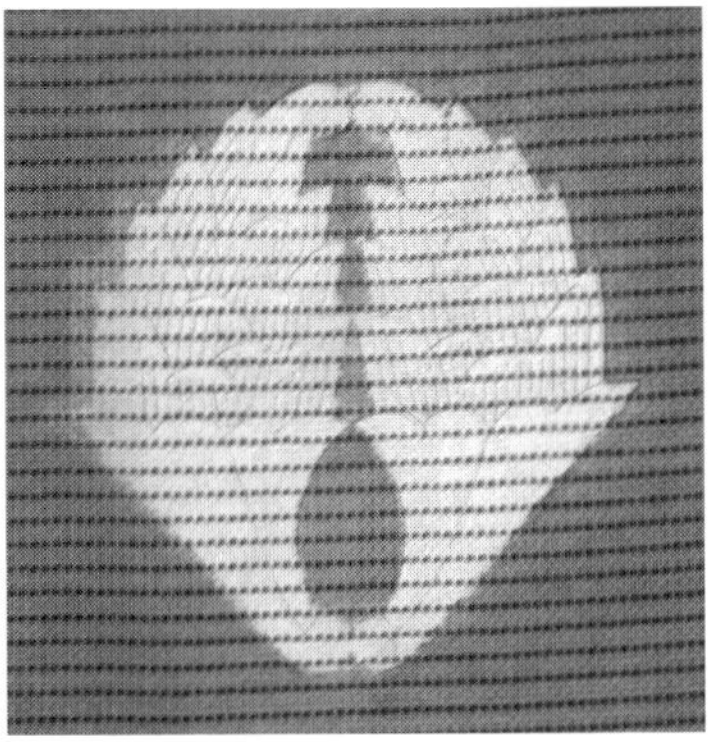

図13　筋杏葉紋（鍋島直正部屋住時代着用裃）

る家紋において、三家と区別することを意図していたと考えられる。こうした家紋が持つ社会的機能については、本家のなかでも使い分けられており、たとえば、嫡子をはじめとした部屋住の子どもたちは、花杏葉紋の使用が定められ、特に嫡子は、藩主となって初めて筋杏葉紋を使うことができた。

もっとも、小城鍋島家の「日記」（小城鍋島文庫）によれば、文化四年（一八〇七）、本家から「これまで、部屋住《へやずみ》の間は花杏葉紋を使用してこられたが、鶴松《つるまつ》様からは筋杏葉紋を用いることにする」との達しがあった。鶴松というのは佐賀藩主鍋島斉直《なりなお》（一七八〇～一八三九）の嫡子弼太郎のことで、達しが出された前年に生まれていた。さらに鶴松の同腹弟で後に一〇代藩主となる直正《なおまさ》（一八一四～七一）が部屋住の時代に着用したと伝えられる裃《かみしも》（図13）には、筋杏葉紋があらわされている。このように嫡子のみ花杏葉紋から筋杏葉紋を使用することになったのは、この時期、嫡子の格式を高めることによって、本家の格式をも高めようとする鍋島本家の意図があったものと思われる。なお、藩主の正室は筋杏葉紋を使用していた。

鍋島家において、分家や家臣に対して杏葉紋の使用を禁止した法令を見出すことはできないが、家臣が勝手に使用することは許されることではなく、制限されていたことは間違いない。このことは、逆に本家当主が杏葉紋を家臣へ与えるという行為にあらわれている。

家紋を与える

すなわち、佐賀藩主鍋島光茂は、家臣団のなかでも分家大名である三家の次に位置する親類という高い家格に位置する神代《くましろ》家の当主直長《なおなが》（父は佐賀藩主鍋島勝茂《かつしげ》）の二男茂真《しげざね》を大変気に入っており、光茂は自身の養子としたうえで「鍋島」の姓と花杏葉紋の使用を許している。

また、時代は離れて、文化一三年（一八一六）に本家当主斉直の三男賢在が神代家を相続すると、文政二年（一八一九）四月には鍋島姓を、同三年六月には花杏葉紋を、それぞれ賢在一代に限って使用することを許している。藩主の正室や部屋住嫡子、および一門である三家や家臣化した白石鍋島家などにのみ許されていた花杏葉紋を茂真や賢在が賜ったことで、他の家臣たちは彼らが藩主に近い存在であると本家当主が考えていることを認識するのである。

多様な本分家関係

本分家のなかには、本家が何らかの理由によって、減知となり、石高が減少してしまい、本家の石高が分家の石高を下回ってしまうケースもあった。

本分家の逆転

譜代《ふだい》大名土屋家は、もともと甲斐武田家の家臣で、天目山《てんもくさん》で自刃した武田勝頼《たけだかつより》に最後まで従った土屋惣蔵昌恒《つちやそうぞうまさつね》の子忠直《ただなお》が徳川家康に召し出されたことに始まる。忠直は、相模国禰宜打村内において所領を拝領し、慶長七年（一六〇二）七月には、上総久留里にて二万石を与えられた（『寛政重修諸家譜』、以下『寛政譜』と略称する）。その子利直《としなお》は寛永二年（一六二五）一二月、新田千石を合わせて二万千石が銘記された領知朱印状《りょうちしゅいんじょう》を拝領してい

図14　土屋家系図

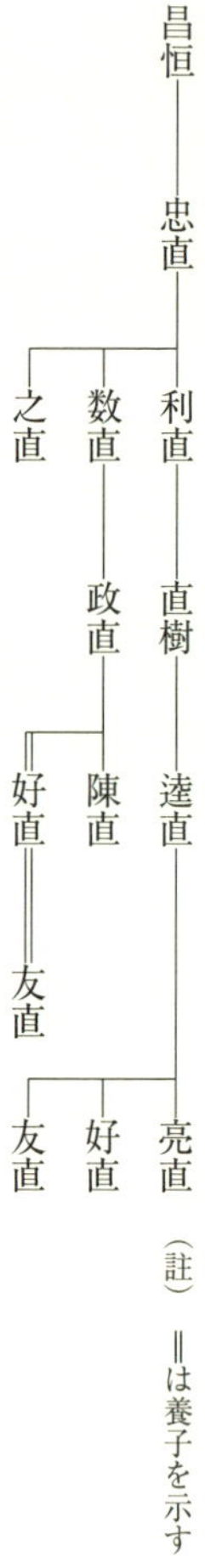

る。さらに、その子直樹《なおき》は、延宝三年（一六七五）六月、家督相続すると、弟の喬直《たかなお》に対して、千石とさらに新田分千石合わせて二千石を分知し、自身は二万石を領するに至った。

ところが、同七年、直樹は、乱心となり、さらに子として逵直《みちなお》がいながらも、一族への披露を始め、将軍への初御目見《はつおめみえ》も申請していなかったとして領知没収の処罰を受けてしまった。しかし逵直は、父祖の奉公を考慮されて、新たに三千石を与えられ寄合になった。いっぽう、忠直には嫡子利直の他、数直《かずなお》・之直《ゆきなお》という庶子がおり、両人とも幕府へ召し出されていた。このうち、数直は、元和二年（一六一六）、九歳の時に秀忠へ初御目見を果たして以後、家光に付けられたのを皮切りに、書院番・同組頭・小姓組番頭・若年寄と幕府のなかで順調に昇進を重ね、最終的に寛文五年（一六六五）一二月二三日、老中に就任している。知行地も寛永元年に廩米《りんまい》五百俵を拝領して以降、老中就任以前の寛文四年六月一三日では加増を重ね、一万五千石を領していた。

この時点までは、本家よりも石高は低かったのだが、同六年七月二八日、二万石の加増を受けて、三万五千石を領し、初めて本家の石高を上まわることになった。これはやはり老中となったことが大きな要因として考えられるが、本分家の秩序よりも老中としての立場の方が優先された事例として興味深い。

そして、この分家土屋家では、その後、やはり数直が、同九年六月二五日、常陸土浦城を拝領し領知も加増され四万五千石となり、その子政直《まさなお》代になると、さらに加増を重ね、最終的に享保三年（一七一八）三月三日、加増によって九万五千石となり、同家の所領が確定するに至った。

さて、こうした本分家の石高が逆転してしまうなかで、土屋家では、分家の政直が、本家逵直の庶子好直《よしなお》を養子として、三千俵を分与して旗本とした。また同じく逵直の庶子友直《ともなお》に対しても、政直は自身の所領のなかから廩米五百俵をもって分与することを幕府へ願い、許可されている。ただ、友直は延享元年（一七四四）五月二七日、兄の養子となり家を相続したため、廩米も返還している。ここから分かることは、分家であった政直が、本家の庶子好直や友直へ廩米の分与をしていたこと、好直を政直の養子とするなど、本来、本家が行うべき分家創出を、分家が本家の庶子に対して行っていたのである。

もう一例、今度は、本家の長男が分家当主となり、その存続を意図した事例である。譜代大名で天正一二年（一五八四）、小牧長久手の戦いで豊臣秀吉の武将池田恒興《つねおき》を討ち取ったことで有名な永井直勝《ながいなおかつ》家（本家）をあげよう。直勝の曾孫尚長《なおなが》は、山城国淀七万三千六百石を領していたが、延宝八年（一六八〇）六月二六日、増上寺で前将軍家綱の法要が営まれている時、内藤忠勝《ないとうただかつ》（志摩国鳥羽藩三万五千石）によって殺害されてしまった。

尚長はまだ二七歳であり嗣子もなく断絶となるところ、幕府はその弟直圓《なおみつ》に新たに大和国新庄にて一万石を与え「家」を存続させた。いっぽう、永井家には直勝の二男直清《なおきよ》が家康・秀忠に仕え、慶長九年、秀忠の小姓となり、元和元年、大坂夏の陣の功によって五百三十石を拝領する分家があった。

直清は寛永三年正月に、父の遺領のうち三千五百石の分知を受け、その後も幕府から加増を受け、最終的に慶安二年（一六四九）七月四日、新知拝領分と分知分を合わせて摂津国高槻三万六千石を領するまでになっていた。しかし、永井家の本分家では、先述したとおり、本家である尚長が殺害されてしまったため、本分家の石高が逆転してしまう事態となった。ここで注目したいのは、直清の曾孫直種《なおたね》に男子がいないまま危篤に陥ると、本家

表4　本分家石高の逆転

	本家筋	分家筋
森川家	2千2百石	下総生実1万石
朽木家	4千770石	丹波福知山3万2千石
久世家	5千110石	下総関宿5万8千石
土屋家	3千石	常陸土浦9万5千石
松平(藤井)家	出羽上山3万石	信濃上田5万3千石
永井家	大和新庄1万石	摂津高槻3万6千石
堀田家	近江宮川1万3千石	下総佐倉11万石
中山家	3千石	常陸松岡2万5千石(水戸付家老)

(註)　本家筋・分家筋は『寛政重修諸家譜』の分類に拠った。分家は慶長5年以降、分知もしくは新知拝領した場合に限った。

図15　永井家系図

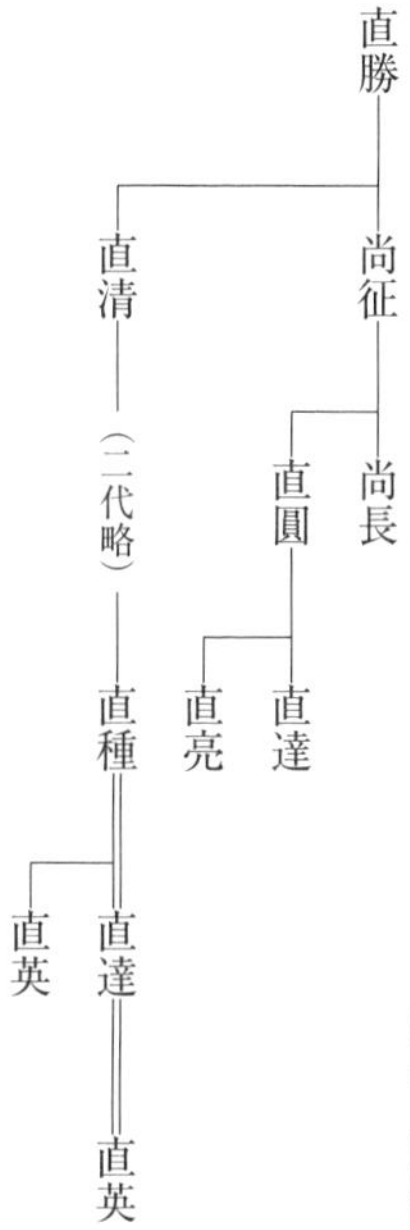

(註)　‖は養子を示す

筋の直圓の長男直達《なおたつ》（元禄二年〈一六八九〉生）が末期養子として直種の跡を相続したことである。高槻藩では直種の死去と同じ年に実子直英《なおひで》が誕生したため、直達は宝永三年（一七〇六）、直英を養子として家督相続させることになる。

大名・旗本の系図や生没年から役職就任、慶弔《けいちょう》などが記された『寛政譜』によれば、元禄八年当時、本家直圓の男子は直達と直亮《なおすけ》（同六年生）が確認でき、両人とも母は松平忠継《ただつぐ》の娘で同じである。年長者であり、かつ長男を養子に出すということは、もはや両家にとって、永続させていくべきは、本家ではなく、石高の高い分家筋の直清家であったことを示している。

稟米取大名の登場

江戸時代の分家大名のなかには、本家から所領を分与されず、稟米（蔵米）を支給されている場合があった。早い例では、寛文六年（一六六六）、熊本藩細川家において、藩主綱利が、将軍への初御目見や従五位下諸大夫の官位を有していた部屋住格大名の弟利重に対して、稟米にて三万五千石を分与した。幕府でもまた、越前福井藩主松平光通の庶子直堅に対して、延宝五年（一六七七）、稟米一万俵を与えて大名に取り立てている。

分知にせよ、新知にせよ、こうした稟米による分与形態においては、当然、分家自身の国許《くにもと》がないことから、参勤交代を免除され一年中江戸にいる定府が許されている場合が多い。廩米による分家創出は、すでに幕初から旗本身分でも数多く認められるが、万石以上の大名身分で廩米取りがあらわれたことは、大名の性格が変化してきていると考えられる。

本来、大名とは、土地と人民を支配する存在であり、戦国大名とは、まさに数郡から一ヵ国規模でこれらの支配を行うものであった。しかし、江戸時代になると、幕府が寛永一二年（一六三五）の「武家諸法度」において、一万石以上が大名として定めたように、上位権力によって規定された身分として大名が存在することになる。

平和な江戸時代にあっては、もはや大名身分とは自力で獲得するものではなく、幕府さえ認めれば大名になれたのである。さらに、分家創出に当たり、どの土地をどれくらい分与するのかについて、幕府が直接本家大名に対して介入することは原則なかったことから、大名家では、分知《ぶんち》にあたって、一万石以上という基準を満たすために、廩米を与えて分家大名を創出することも可能であったのである。廩米取大名が出現したことは、江戸時代の大きな特徴であったと言えるだろう。

もっとも、武家社会における廩米の支給とは、一時的な支給方式、いわば臨時としての性格が強く、知行の形態として、所領の分与に較べて軽い扱いということになる。しかし支給される側の分家としても、常に一定量の収入が見込めるメリットもある。ただし、実際に領内支配を行う必要がないことから、本家からそれだけの家臣の分与もなされないため、本家への従属度がより高まることになる。

本家としての責務

将軍とも主従関係を持つ分家に対して、本家が上位者として存在するためには、単に専制的な支配をもって強権的な姿勢で臨むというようなことはできない。ただし、本家は家臣団統制の一環として、分家を家臣として位置付けていく必要もあったことは事実である。そして、この本分家関係において重要なのは、本家として分家を存続させていく責務があり、このため上位者としての責任を行使しなくてはならなかった。この点が端的にあらわれるのが、分家に対する財政援助である。ここでは、本家が分家に対して金銭や米などの経済的援助を行った事例について、筑前福岡黒田家と出羽庄内酒井家から見てみる。

本家へ借金を依頼する秋月藩黒田家

筑前福岡藩黒田家の本分家において、分家が本家へ助勢を依頼する契機として、幕府から課された公儀役《こうぎやく》を勤めるための費用が賄えないためということがある（「長堅公御代靏ヶ岡御手伝え節、福岡へ差出候口上書之控」秋月黒田家文書）。江戸時代を通した全体像は不明ながらも、安永一〇年

（一七八一）、秋月藩は幕府から鎌倉鶴岡八幡宮の普請役を命じられた。この普請役は実際には上納金七千両を支払うものであった。

この時、秋月黒田家では大坂で借金をするなどして何とか七千両を工面したものの、本家に対して「古来より其御地御加勢をもって相凌《しの》」いできたので、今後も助力を願いたいとの「口上書」を提出した。そして実際、秋月黒田家が幕府から課された文化一四年（一八一七）の京都仙洞御所普請役では八千五百両を本家で賄い、天保一四年（一八四三）の印旛沼干拓の普請役では五千両を貸与している。なお、文化一五年からは、一五ヶ年で一五万俵の助勢を行っていた。

そして、この助力が切れて以降、日常の藩政が困窮してしまい、安政五年（一八五八）六月になると、財政難によって借金が八万四千両ほどに脹れあがってしまい、家臣たちの家禄を半分にしても賄えず、年も越せないので、来年から四ヶ年の間、助力として米一万俵を拝借したいとする「願書」を福岡黒田家へ提出している（「御本家様へ御助勢米御歎願一条ニ付脇マへ差出候書付」秋月黒田家文書）。

このため福岡黒田家では評議を行った結果、四ヶ年で五千両ずつということに決定した。

この時、福岡側では秋月との関係については、「東陽院様《（黒田長興）》御以来の御訳」「根元御一家御同然の御事」と、秋月藩初代黒田長興を持ち出し、先祖以来の関係を理由にあげている。もちろん、秋月黒田家は福岡黒田家を本家という理由をもって援助を依頼しているのであり、黒田家の本分家間では分家の財政難に本家が援助を行う姿勢がはっきりと見て取れる。

享保期における庄内酒井家の事例は、本家の責務を考えるうえで重要なので、次に見てみることにしよう（『松山町史』）。

庄内藩酒井家に見る本家の責務

庄内藩酒井家（一四万石）の分家であった松山藩酒井家（二万石、別朱印分家）では、多くの大名家同様、藩財政が行き詰まっており、領内の酒田以外にも、他国の商人にまで借金を繰り返していた。そして享保一二年（一七二七）、家老西田新五左衛門・林市郎右衛門・白井九兵衛などが、「親類」であった加賀藩前田家へ借金をすることとし、江戸にて加賀藩前田解由《かげゆ》勘へ手紙をもって借金を申し込んでいた。酒井家と前田家の関係は、松山藩主酒井忠豫《ただやす》の嫡男忠寄《ただより》が本家当主忠真《ただざね》の養子となって、享保八年に加賀藩主前田綱紀の娘と婚姻していた縁を頼ったものであった。

しかし、加賀藩からは断られたため、松山酒井家では本家へ願うことにしたのだが、逆に厳しく叱られてしまった。本家は、加賀藩へ借金を願ったことは忠豫のためにならないばかりか、「当家之瑕疵《かし》」、つまり酒井家の対面を汚すことになるという理由をあげている。

前田家とは「親類」とはいえ、他家から借金したのでは本家として恥ずかしい、というのが本音なのである。そして、庄内酒井家では今回の申し出をした松山藩の家老たちを処罰するように命じた。これを受けて松山藩では家老の西田・林・白井の三名を罷免したが、本家から林と白井に関しては処分する必要なしとの通達があったため、両人は家老職へ復帰している。

この後、本家では、松山藩への財政援助を行うことにして、家臣団に対して高百石に付米一俵を提出させて、計二千俵の合力米《ごうりきまい》をもって援助をしたのであった。ここでの庄内酒井家は、本家として財政難に陥っている分家を援助しなければならないという立場にある。ましてや前田家に援助を求めているようでは、分家の上位に立つ本家としての立場をも失ってしまうことを危惧していたとも考えられる。だからこそ、十分ではないにせよ、家臣団に出米をさせてまで援助を行ったのである。

もちろん、こうした本家による分家への財政援助は全ての本分家で行われている訳ではなかったであろうが、国持大名家のような中小大名家に較べて国力の高い大名家が本家の場合は、黒田家のように援助を引き出すこともできたであろう。しかし、たとえ本家であっても、五万石や一万石といった中小大名家では、多くの援助を求めることは難しかった。

いっぽう、本分家間において、分家もまたさまざまな役割を果たしていた。それは分家の創出契機において述べてきたように、近世初頭であれば大名家の「証人」としての役割であったり、本家の当主が幼少であった時の後見や名代を担うこともあった。特に本家で家督相続が行われた際、被相続者がいまだ幼少で藩政を統括することができない場合などは、分家が後見を行うことがある。

本家の後見を行う分家

混乱した本家の藩政を分家が後見するという場合もあった。膳所《ぜぜ》藩本多家では、延享四年（一七四七）以来、藩政改革の混乱や家中の対立が続いており、当主康完《やすさだ》代に家臣の本多内匠と鈴木時敬によって藩政が牛耳られ、百姓一揆も発生するなど、藩政が混乱していた。両人は前藩主康匡《やすただ》の命により失脚するも、康匡が死去してしまったため、復職を果たし再び悪政を行ったため、幕府にまで知られ裁許となった。この、いわゆる御為筋一件では、寛政一一年（一七九九）、幕府は同家の分家旗本であった本多忠盈《ただみつ》（九千石）へ混乱する本家藩政の立て直しを命じている（『新修大津市史』）。従来、当主の幼少時や藩政の混乱時に婚姻関係に基づく親類が藩政へ介入することは高木昭作氏の研究によって指摘されてきたが（「幕藩政治史序説―土佐藩元和改革―」）、分家もまた「親類」とともに、一族としての立場から本家内の秩序を安定させる役割・機能を持っていた。

膳所藩の例では、幕府は家政の立て直しを分家旗本に命じたのだが、もう一つ、幕府は大名家や旗本家の家督相続が安定して行われていく必要から、分家が本家に関わることを期待していたことがある。

享保二〇年（一七三五）五月、譜代大名米倉家（武蔵金沢一万二千石）において、当主であった米倉忠仰《よねくらただすけ》（実は柳沢吉保《やなぎさわよしやす》の庶子、宝永七年〈一七一〇〉米倉家へ養子に行く）が危篤となったため、国許《くにもと》にいた嫡男里矩《さとのり》の家督相続を家臣が幕府へ願った際、二年前に幕府へ出生を届け出ていたが、九歳として願い出たことが発覚したため、同家の家督相続にストップがかけられてしまった。

つまり、幕府が一時的だが相続を認めない形となってしまったのである。その後、忠仰の実家で兄でもある柳沢家の分家大名柳沢里済《さとすみ》（越後国黒川一万石）や同保経《やすつね》（愛知国に三日市一万石）が里矩を三歳として承認したため、同人の家督相続が無事行われた。

この一件において幕府は、米倉家の分家旗本米倉昌倫《まさのり》（三千石）に対しても処罰を行っている。その理由は、本家が家臣が虚偽の申請をしたことを知らなかったこと、および里矩が参府したならば「同族」として実否を糺さなければならないのに、これもしなかったというもので、同人に逼塞《ひっそく》を命じた（『寛政譜』）。昌倫は父昌仲《まさなか》代の元禄二年（一六八九）

七月に綱吉への初御目見を果たし、同一二年に三千石の分知を受けて成立しており、分家が創出されてから、さほど年月が経っていた訳ではなかった。しかし、本家の家臣が昌倫へ相談しなかったのは昌倫は日頃から本家の家政へはあまり深く関わっていなかったのかもしれない。

別家とは何か

本家と分家の関係性は、単なる本家による一方的な支配だけで成り立っていたのではない。ここでは、分家側の動向として特徴的な別家について見てみることにしよう。本書では、プロローグで説明したように、「支藩」という歴史用語を使わず、分家と表現してきた。

実は、この分家のなかには、本家との関係において、きわめて従属性が高い末家《まつけ》や、立場が対等、もしくは従属的な関係を含まない別家《べつけ》が存在している。前者の末家については、後で説明するとして、ここでは後者の別家について説明しておきたい。大名家の別家については、倉持隆氏による仙台・宇和島両伊達家の研究がある。（「宇和島藩主伊達村候と仙台藩」）そこで、同氏の研究によりながら、本家に対して従属的ではない伊達家の事例を見てみることにしよう。

陸奥国仙台城を本拠とした伊達政宗《だてまさむね》には多くの子女がいたが、そのうち、庶長子秀宗は、天正一九年（一五九一）に誕生し、文禄二年（一五九三）、伏見において秀吉への御目見を果たすと、京・大坂に滞在して、伊達家の「証人」、つまり人質であるとともに、秀吉の猶子《ゆうし》（家督相続を目的としない養子縁組）となっていた。そして徳川政権下では、慶長一九年（一六一四）の大坂陣における戦功として、伊予国宇和島一〇万石を伊達家が拝領すると、同地は秀宗に与えられた。

以降、伊達家は、秀宗の系統が藩主となった宇和島伊達家と、秀宗の弟で仙台藩を継承した忠宗《ただむね》の系統に分かれることになる。宇和島藩は新知を拝領したが、仙台藩に藩政面や財政面で依存することもあり、自立していたとは言い難かった。しかし寛延二年（一七四九）、近年、諸事本家をないがしろにしているとする仙台藩と、仙台藩からの分知によって成立したのではないのだから、末家として扱われるのは不満であり対等であるとする宇和島藩伊達家双方の主張について、宇和島藩伊達村候《むらとき》が、幕府老中へ調停を求めた本家・末家論争が起きた。

結果、幕府老中は困惑しながらも調停案として、仙台藩では、自身を「本家」、宇和島藩を「末家」と認識することにして、一方、宇和島藩では仙台藩を「家本」、自身を「家分」と認識するということで、両者を妥協させた。政宗の家督を継承した忠宗の系統である仙台藩こそ本家となるのであるが、宇和島藩の意識では、秀宗が政宗の庶長子であり、かつ新知拝領分家であったことから、仙台藩に対して対等を主張するのであり、ここには、たとえ財政面で依存していても、従属的とはならない別家としての意識の高さが見て取れるのである。こうした伊達家の事例から見ても、大名家の本家と分家は、大名家それぞれが有している固有の歴史によっても関係性が異なっていたことが分かる。

親族会議による家督相続者の決定

次に本分家間における分家の役割として注目したいのは、本家の家督相続者の決定をめぐる親族会議が開かれた際に、分家が参加していることである。ここでは、長岡藩を本家とし、笠間・小諸両藩を分家とする牧野家の事例を見ていきたい。

寛延元年（一七四八）六月二八日、長岡牧野家の当主忠敬《ただたか》より、小諸牧野家の当主康周《やすちか》へ、病を煩っており体が勝れないため親族と相談したいことがあるので、西久保の上屋敷へ来て欲しいとの急使があった（以下「御本家様御取扱」小諸牧野家文書）。

康周は、江戸城へ登城することが決まっていたため、下城後、西久保へ急行した。この時、集まっていたのは「同族」では牧野貞通《さだみち》（笠間牧野家、忠敬の実父）、牧野忠知《ただとも》（三根山牧野家、長岡藩の分家旗本）の二人であり、「親類」は堀川広益《ほりかわひろます》（五百石、高家、姉妹が当主牧野忠寿《ただなが》の正室）であった。子のいなかった忠敬は後継者についてどうすべきかを相談し、結果、貞通の八男忠利《ただとし》を忠敬の急養子とすることに決定した。そこで、幕府へ願書を作成するため、判元改（虚偽の申請であったり親族以外が関与していないか確認する役目）として大目付河野通喬《こうのみちたか》（千石）と先手小笠原持広《おがさわらもちひろ》（七百八十石）を呼び、親族たちが願書を作成した後、康周が老中松平武元《たけもと》へ提出した。小諸・笠間両牧野家は、本家の家督相続者を最終決定する親族会議に出席し、康周は幕府への届け出にも関与していたのである。

こうした家督相続者の最終決定、および幕府への願書提出については、宝暦五年（一七五五）七月二四日、本家当主忠利が二四歳の若さで死去した際も同様であり、前日の二三日、西久保において、康周の嫡子で在府していた康満《やすみつ》（小諸）・貞通（笠間）・忠知（三根山）の他、川口恒寿《かわぐちつねとし》（二千七百石、新番頭、嫡子恒久《つねひさ》の正室が丹後田辺牧野惟成《これしげ》の娘）・堀川広之《ひろゆき》（広益嫡子）・小浜隆品《おばまたかしな》（千石、旗奉行、祖母が丹後田辺牧野信成《のぶしげ》の娘）といった親族が、貞通の庶子忠寛《ただひろ》が養子となり家督相続することを承認している。幕府への願書については、忠利がまだ起きあがって筆を握れるだけの気力があったため、家臣が同人の手を添えて書き上げ、康満が老中西尾忠尚《にしおただなお》へ提出している。こうした親族の承認を得たうえで養子の決定がなされ、幕府へ届け出たことは、同姓・末家や親類など親族による後見の一形態であった。

なお、この親族会議において注目されることは、川口恒寿や小浜隆品など、牧野家の「同族」である丹後田辺藩牧野家と縁を持つ旗本が出席はしているものの、田辺藩牧野家の当主・嫡子とも、いずれの事例においても会議に参加していないことである。この事情については定かではないが、実は長岡牧野家の分家は、幕末期の所在地で言うと、信濃小諸・越後三根山・常陸笠間の各牧野家であり、丹後田辺牧野家と長岡牧野家との関係はすでに江戸時代から不明となっていて、たとえば幕府が大名家・旗本家の系図を編纂した『寛永諸家系図伝』『寛政譜』でも、両家を「同族」としながらも、系図については結び付けていない。

承応三年（一六五四）三月二日に、牧野忠成が遺産分けした際の記録によれば（「宝性院殿御遺言」『長岡懐旧雑誌』）、忠成は「国持大名であっても、このように親が金銭を分けることはないのだぞ」と言いながら、金銭の分配を規定しているのだが、ここで分配の対象となったのは、女性を除くと、嫡孫忠成・二男康成・四男定成《さだなり》・五男忠清《ただきよ》といった子や孫と（三男朝成《ともなり》はすでに死去）、弟の儀成《のりなり》およびその子二人だけであり、田辺藩の人物へは分配されていない。遺産配分の対象ではないところに、「同族」でありながらも親族として区別されていることが理解される。

いずれにせよ、親族会議に田辺牧野家が出席していないことは、同家が長岡牧野家の家督相続問題に関与しないか、もしくはできない存在・立場であり、実態としての「同族」とは、本分家関係をもとに形成されていたのである。なお、同時期、小諸牧野家当主康満の親族関係について記された「牧野遠江守康満親類覚書」（小諸牧野家文書）という史料においても、小諸牧野家の「同族」（「同姓」）のなかに長岡・笠間両牧野家は記載されていても、田辺牧野家については記載されていない。

本分家間での義絶

江戸時代の大名家では、当主同士や家同士でなど、さまざまな交際を行ったが、逆に当主どおしの仲が悪かったり、先祖の仲が悪かったといった理由で交際を全て遮断していることもあった。

加賀藩前田家と陸奥二本松藩丹羽家や陸奥盛岡藩南部家と同弘前藩津軽家などが有名であるが、本分家間においても日常の交際を全て遮断してしまう義絶が行われた。本分家の場合、本家を上位者、分家を下位者とする本分家関係そのものを喪失してしまうところに特徴があるのだが、現在、分かっている義絶をあげると、承応元年（一六五二）、庄内藩酒井家と分家旗本酒井忠重（八千石）、伊予宇和島藩伊達家と分家大名伊予吉田藩伊達家、越後長岡藩牧野家と分家大名越後与板藩（後小諸藩）牧野家（天和二年〈一六八二〉和睦）、越後新発田藩溝口家と分家大名越後沢海藩溝口家、肥前佐賀藩鍋島家と分家旗本餅木鍋島家（五千石）、正徳二年（一七一二）、大給《おぎゅう》松平家一門と分家旗本形原領大給松平家（乗真家五千石、乗真は初代の名）などの本分家であり、後に和解した家もある。

義絶の理由はそれぞれあるのだが、たとえば酒井家では、いわゆる「長門守一件」と呼ばれた御家騒動がもととなっている。それは当主忠勝《ただかつ》がお気に入りの弟忠重《ただしげ》に藩政を委ねたため、忠重は、次第に専制的な振る舞いを取るようになり、やがて忠勝の嫡男であった忠当《ただまさ》を廃し、自身の長男忠広《ただひろ》と忠勝の娘を結婚させて庄内藩主にすることを画策していた。このため、家臣団は忠重派と反忠重派（忠当派）に分裂し御家騒動に発展する様相を見せたが、正保四年（一六四七）、忠勝の死去によって忠重は後ろ盾を失い、忠当が家督相続することになった。

そして五年後の承応元年、庄内藩は手切れ金二万両を忠重に支払い、義絶するに至った（本間勝喜『余目・酒井家と余目領五千石』）。忠重は、幕閣の酒井忠勝と阿部《あべ》忠秋《ただあき》へ二万両を確かに受け取ったこと、義絶に意義がないことを「覚」として書き送っている（『大泉紀年』）。ここから、当該期における幕府はまだ本分家の義絶を認めていたことが分かる。

それが、江戸時代の中頃となる貞享期から元文期にかけて、親族の範囲を規定した服忌令《ぶっきれい》を公布・改正していき、そして寛政三年（一七九一）には、幕府は分家が本家を義絶することを禁止しており、本分家の筋目を重視するとともに、より徹底した身分秩序の再編成を行っている（鎌田浩『幕藩体制における武士家族法』）。

分家大名であっても将軍と主従関係を有するのであるから、本家との関係が義絶に至っても何ら影響はないのではないかと思われるかもしれない。しかし、先述したように、経済的に援助を得られなくなってしまうということもあり、さらに政治的にも影響があった。かかる点について、大給松平家の事例から見てみたい（『寛政譜』）。

正徳二年、大給松平家の分家旗本乗真家の家臣高木八兵衛が、当主松平乗包《のりかね》が家老の前田定右衛門にそそのかされて悪行を働いていると、大給松平家の本家松平乗邑《のりさと》（当時、伊勢亀山六万石）をはじめとした大給松平家の一族に訴えた。このため乗邑や「同族」の松平好乗《よしのり》（三千石）、松平乗邦《のりくに》（一二〇〇石）などが、乗包へ日常の態度を改めるように意見状を送ったが、乗包が聞き入れなかったため、大給松平家の「同族」が乗包と義絶をしてしまった。すると、乗包の家臣団は、本家をはじめとした「同族」から義絶されてしまったことに恐怖を感じて、乗真家から退散してしまい、これが幕府にも聞こえ、ついに評定所で裁許が行われることになってしまった。『寛政譜』には家臣たちが恐怖を感じた理由まで記されていないのだが、幕府で裁許が行われることになり改易になるかもしれないとの心配があったのかもしれないし、本分家における互いの機能から考えると、「同族」からの後見が得られなくなることを恐れてのことかもしれない。いずれにせよ、「同族」との義絶は、家臣団に大きな動揺をきたすほどの出来事であったことを確認しておきたい。

なお、本一件は、実は新参者の前田を重用する乗包に対して、高木や上田太郎左衛門、その他の譜代家臣たちが乗包に無実の罪をきせて一族に訴えたことにあった。このことは評定所で明らかにされ、高木他、騒動を起こした家臣は遠流刑や追放刑に処せられた。また、義絶を行った大給松平家一門も、義絶は早計として、逼塞や出仕停止の処分がなされるとともに、乗包に対しても、たとえ一族の意見に納得がいかないとしても、いちおうその意に従って、後に自分の意見を言うべきであるのに、家中を騒がし幕府の裁許にまで至ったのは日頃の行いが悪いためだとして、二千石の減封のうえ、逼塞を命じられた。

「同族」関係の維持

将軍綱吉と本分家関係

本分家関係の時代による変化

大名家の本家と分家が、どのような関係性を築いていたのか、ということについては、二六〇年余の長きに渡った江戸時代を通して、一定していたわけではなく、時代によって変化していった。そして、それは、大名家を支配する幕府の大名統制策や意向といったものが大きく影響していた。かかる点については、法制史の立場から武家の親族組織を検討した鎌田浩氏による研究があるので（鎌田浩『幕藩体制における武士家族法』）、同氏の研究に拠りながら、本分家関係の変化について概観しておく。

大名家の分家創出、および親族組織の変化については、三期、すなわち前中後各期に分けることができるという。まず前期については一七世紀前中期に相当し、分家創出が盛んに行われた時期であり、後世と比較して、嫡出長子《ちゃくしゅっちょうし》が必ずしも家督を相続するということはなかった。このため、あまり長幼や本分家の筋目を重視せず、それぞれの事情に応じた大名家の措置をそのまま認めることもあったという。次に中期においては、一七世紀後半から一八世紀までで、特に将軍徳川綱吉《つなよし》によって、貞享元年（一六八四）三月、喪《も》に服する期間や親族の範囲を定めた服忌令《ぶっきれい》の制定や、後で述べるように、養子による家督相続について基本的に「同族」からの入嗣を重視したり、本家と分家では本家の優越的地位を認めていくようになる。そして、最後の後期である一九世紀に至ると、幕府は先に述べたように、分家が本家を義絶することを禁止したり、嘉永二年（一八四九）には新知拝領分家であっても、分知による分家と同様の名称である「末家」と呼称するように大名家へ命じるなど、前代に較べてより徹底した本分家間における親族としての身分を規制する動きがあった。

綱吉の登場

こうした幕府による本分家関係への関与および統制において、とりわけ注目したいのは、将軍徳川綱吉による本分家関係の位置付けである。それは、右に述べたとおり、貞享元年（一六八四）三月、親族が亡くなった際に喪に服す親族範囲を定めた服忌令を制定したことで、異姓よりも同姓（同族）との関係を重視する姿勢を打ち出し、本分家間に連帯的な関係性をもたらすなど、本分家により大きな影響をもたらしたことや、また、いっぽうで綱吉は、本分家の秩序よりも自身の権力基盤を確立していくことを優先させたため、本分家で混乱が生じる事態も出現していた。この綱吉による数々の政策を見ていくことによって、本分家とはどのような関係であったのかを浮き彫りにすることができる。

綱吉は、大名家の本分家に大きな影響を与えた。それは、綱吉自身、三代将軍徳川家光の庶子であり、館林二五万石を領し江戸城下神田橋に屋敷を拝領する将軍連枝《れんし》から、兄家綱に子がいなかったため、その養子となり、徳川宗家を相続していたことと無関係ではないだろう。綱吉の相続は、徳川家にとっては家康以来の嫡子による相続ではなく庶流からであり、いわば綱吉は庶子（分家）出身の将軍ということになる。

もっとも徳川家には御三家という、こちらも徳川の分家が、諸大名中最高の格式をもって位置付けられており、将軍家の相続者が不在であれば、将軍職に就任する可能性もあった。実際、家綱の後継者にあげられていたのは、綱吉の他、兄綱重《つなしげ》の子の綱豊《つなとよ》、それから綱吉の姉で尾張家へ嫁いだ千代姫の子で後に尾張藩主となる徳川綱誠《つななり》であった。綱吉にとって、徳川宗家の相続は、これら居並ぶライバルたちを押しのけてのことであった。

ただし、将軍職に就任したからといって、その権力基盤がただちに万全となり安定したとは言えず、御三家をはじめ、特定の家による家職《かしょく》化が進んでいた老中や、豊臣期には徳川家と肩を並べていた歴史を有し、一国、もしくは同規模の所領を持つ国持《くにもち》大名など、綱吉の意のままに召し使うことができず気をつかわなければならない大名たちがおり、将軍としての権威を構築していかなければならないところに、生まれながらの将軍とは異なる綱吉の立場があらわれていた。たとえば、綱吉による「生類憐れみの令」が公布されても、水戸の徳川光圀は、在郷にて鉄砲を使い鳥猟を楽しんでおり、「このことが綱吉に知れたら鳥盗人の張本人として真っ先に牢屋に入れられるだろう」とうそぶくほどであった（『水戸義公・烈公書翰集』三七号）。

こうしたいくつもの勢力が混在する幕府のなかで、徳川綱吉は自身の宗家相続に功のあった堀田正俊《ほったまさとし》を大老とし、神田館時代からの側近牧野成貞《まきのなりさだ》や柳沢吉保《やなぎさわよしやす》を側用人《そばようにん》として登用して、幕府政治を主導していった。また、元禄二年（一六八九）八月九日、加賀金沢藩主前田綱紀《まえだつなのり》の座席を御三家の次位に設定し、同五年三月には、将軍が日常の生活を送る江戸城中奥御座間《なかおくござのま》で能鑑賞が行われた際、前田綱紀を水戸家の当主徳川綱条《つなえだ》の次に座らせるなど、加賀藩の家格を御三家並に引き上げることで（『加賀藩史料』）、御三家を牽制する方針を取った。また、老中に対しても同様に、正俊死後の大老職として元禄一〇年六月、井伊直興《なおおき》を任命しており、譜代門閥《もんばつ》大名による合議政治を牽制し、彼らに権力が集中することを防いだ。

奥詰の設置

徳川綱吉による大名統制策は、大名の本分家に対しても大きな影響を及ぼしており、この点について、綱吉が設置した奥詰《おくづめ》の設置から見てみることにしたい。奥詰衆は江戸城中奥にあった山水の間に詰めるもので、元禄二年（一六八九）三月二日に松平定重《さだしげ》・水野勝種《みずのかつたね》・奥平昌章《おくだいらまさあき》・松浦鎮信《まつらしげのぶ》・相馬昌胤《そうままさたね》といった大名が命じられたのが始まりで、以降、宝永二年（一七〇五）一〇月一五日に牧野康重《やすしげ》が命じられるまで五四人が就任した（表5）。

このなかで旗本《はたもと》であったのは、山名矩豊《やまなのりとよ》（但馬村岡六千七百石）と水野忠増《ただます》（丹波国氷上《ひかみ》郡七千石）だけであるが、山名家は大名としての格式を与えられた交代寄合であったため、奥詰は基本的に大名役であったと言える。

奥詰衆が具体的にどのような職務であったのかということについては、元禄六年（一六九三）から綱吉が死去する宝永六年まで奥詰に就任していた肥前小城《おぎ》藩主鍋島元武《もとたけ》の事跡をまとめた『元武公御年譜』（小城鍋島文庫、佐賀大学付属図書館）に記載されている。これによれば、三日に一日ずつの当番日があり、当日は、朝五つ半時（午前九時）に江戸城へ登城し、八つ時頃（午後二時）に退出することになっている。もちろん、綱吉から登城を命じられればいつでも登城しなければならない。もし、火事が起こった時には羽織《はおり》袴《はかま》を着して大手口に集まり、柳沢吉保の登城を待って奥詰衆も登城するように定められている。それから綱吉が上野寛永寺や芝増上寺へ参詣する時、また、御三家への対応がある時には綱吉に随うこと、さらに禁止事項として、親しい大名や「親類」大名であっても自分からお見舞いなどの使者を出してはならないこと、また、これらの大名からお見舞いの使者が来ても面会してはならないことになっている。それから川船遊びなど遊山《ゆさん》についても、たとえお忍びであっても禁じられている。

そして、綱吉が命じていた生類憐れみの令に関係することとして、鯉・鮒・うなぎ・なまこ・貝類などは常に食することが禁止され、鳥類については、節句などの祝い事の行事に限り許されていた。もちろん、元武は奥詰衆に任じられたことによって自身の領地である小城藩領内でも生類憐れみの令を実施し、家中から領民に至るまで殺生の厳禁を命じている。もっとも、奥詰衆になると、病気の際に幕府お抱えの医師に診断してもらうことが

表5　奥詰衆一覧

氏名	領地と石高	就任年月日	辞職年月日	本家	類別
松平定重	伊勢桑名11万石	元禄2年3月2日	元禄15年7月11日	伊予松山15万石	②
水野勝慶	備後福山10万石	元禄2年3月2日 再元禄5年8月12日	元禄2年3月25日 元禄5年10月晦日		①
奥平昌章	下野宇都宮9万石	元禄2年3月2日	元禄4年5月27日		②
松浦鎮信	肥前平戸6万1千石	元禄2年3月2日	元禄2年4月18日		⑤
相馬昌胤	陸奥中村6万石	元禄2年3月2日	元禄2年8月21日		⑤
牧野忠辰	越後長岡7万4千石	元禄3年3月22日	元禄8年6月29日		①
山内豊明	土佐中村3万石	元禄2年4月14日	元禄2年5月3日	土佐高知20万2千石	④
金森頼時	飛騨高山3万8千石	元禄2年4月18日	元禄2年5月11日		⑤
黒田長清	筑前直方5万石	元禄2年4月18日	元禄6年1月28日	筑前福岡47万石	④
松浦棟	肥前平戸6万1千石	元禄2年4月18日	元禄4年11月25日		⑤
小笠原長胤	豊前中津8万石	元禄2年6月28日	元禄5年6月10日	豊前小倉15万石	①
板倉重冬	伊勢亀山5万石	元禄3年8月28日	元禄4年7月26日		③

保科正賢	上総飯野2万石	元禄3年8月28日	元禄5年5月27日	陸奥会津23万石	②
堀親常	信濃飯田2万石	元禄3年8月28日	元禄4年5月27日		⑤
谷照憑	丹波山家1万石	元禄3年8月28日	元禄4年5月27日		⑤
松平忠周	武蔵岩槻4万8千石	元禄4年5月18日	宝永6年1月17日	下総古河8万石	⑤
黒田長重	筑前秋月5万石	元禄4年5月18日	元禄5年8月15日	筑前福岡47万石	④
田村建顕	陸奥一関3万石	元禄4年5月18日	元禄5年8月15日	陸奥仙台62万石	④
水野忠周	信濃松本7万石	元禄4年5月18日	元禄4年10月3日		②
毛利高慶	豊後佐伯2万石	元禄4年6月5日	元禄4年6月18日		⑤
九鬼副隆	摂津三田3万6千石	元禄4年6月5日	元禄4年6月18日		⑤
浅野長澄	備後三次5万石	元禄4年6月5日	元禄4年12月2日	安芸広島42万6千石	④
前田利直	加賀大聖寺10万石	元禄4年8月19日	宝永6年1月21日	加賀金沢102万5千石	④
松平信治	駿河小島1万石	元禄4年8月19日	元禄5年10月18日		⑤
山名矩豊	但馬村岡6千7百石	元禄4年9月1日	元禄7年2月4日		—
亀井茲親	石見津和野4万3千石	元禄4年9月1日	元禄4年10月3日		⑤
森川重令	下総生実1万石	元禄5年10月29日	元禄6年4月22日	2千2百石	③

水野忠増	丹波内7千石	元禄5年6月10日	元禄7年7月6日	信濃松本7万石	—
松浦長	肥前平戸6万1千石	元禄4年12月2日	元禄5年3月19日	嫡子	⑤
松平忠雄	肥前島原6万5千石	元禄5年10月29日	元禄7年10月11日		⑤
牧野英成	丹後田辺3万5千石	元禄5年10月29日	元禄6年1月28日	嫡子	③
本多康命	近江膳所5万石	元禄5年10月29日	元禄14年5月12日	嫡子	①
池田輝録	備中生坂1万5千石	元禄6年7月5日	元禄15年12月15日	備前岡山31万5千石	④
松平昌興	越前松岡5万石	元禄6年7月5日	元禄10年閏2月22日	越前福井25万石	④
鍋島元武	肥前小城7万3千石	元禄6年7月5日	宝永6年1月21日	肥前佐賀35万石	④
松平定陳	伊予今治3万石	元禄6年7月5日	元禄7年1月23日	伊予松山15万石	②
柳生俊方	大和柳生1万石	元禄6年1月28日	宝永6年1月21日		⑤
青山忠重	遠江浜松5万石	元禄6年11月7日	元禄7年3月27日		③
稲垣重富	三河刈谷1万7千石	元禄6年11月7日	元禄6年11月12日		③
石川乗紀	信濃小諸2万石	元禄6年11月7日	元禄7年10月11日	志摩鳥羽6万石	③
松平信慈	丹波亀山5万石	元禄7年1月18日	元禄9年10月1日		①
伊東長救	備中岡田1万3千石	元禄7年1月18日	元禄7年3月28日		⑤

松平直知	越後糸魚川1万石	元禄7年1月18日	元禄7年10月11日	越前福井25万石	④
酒井忠真	出羽鶴岡14万石	元禄6年1月28日 再元禄7年6月9日	元禄6年2月11日 元禄15年2月6日		①
六郷政晴	出羽本庄2万石	元禄6年1月28日	元禄7年10月11日		⑤
細川有孝	肥後宇土3万石	元禄6年1月28日	元禄14年5月12日	肥後熊本54万石	④
水野忠盈	三河岡崎5万石	元禄9年10月1日	元禄12年8月4日		①
井伊直朝	遠江掛川3万5千石	元禄9年8月6日	元禄9年9月29日	近江彦根35万石	①
三宅康雄	三河田原1万2千石	元禄9年10月1日	元禄9年11月19日		⑤
内藤政森	陸奥高槻2万石	元禄14年9月19日	元禄14年11月9日	日向延岡7万石	①
石川総茂	伊勢神戸1万7千石	元禄9年10月1日	元禄9年11月19日	山城淀6万石	⑤
松平定基	伊予今治3万石	宝永元年11月11日	宝永2年10月15日	伊予松山15万石	②

（註）本家所在地は奥詰就任時。辞職時が不明の場合は次の役職就任や死去の年月日を記入した。

許されていた。

　このように奥詰衆は綱吉の側近くに仕えるところに特徴がある。奥詰は就任中、帰国することは許されず、江戸に留まって登城することが原則であったことからすれば、綱吉は奥詰衆に自身の側近としての役割を期待していたと言える。同じ江戸城に詰める大名として、雁間《がんのま》に詰める表詰衆《おもてつめしゅう》もいるが、彼らは寛文三年（一六六三）から半年ごとの参勤交代が始まっており、常に将軍に近侍しているわけではなかった。

しかし、この奥詰に登用されるということは、任命された大名にとって大変な職務であった。だいたい大名というのは、江戸の藩邸や国許において、朝起きてから夜就寝するまでの多くを、小姓などの家臣たちによって身の回りの世話をされながら生活している身分なのである。それが、小姓のような職務ではないにしても、今度は江戸城内で立場が変わって将軍の側近くに仕えるのである。

やはり綱吉の側近くに仕えた柳沢吉保の家臣藪田重守がまとめた『源公実録』によれば、奥詰に登用された酒井忠真は、「彼は松平輝貞《てるさだ》の甥なのだが、大名育ちで、御城に泊まった時、布団も引けない様子であったため、輝貞が殊の外立腹した」ということや、同じく奥詰となった相馬昌胤についても「これ又、大名育ちで、大雑把すぎて、部屋へ出入りしても障子《しょうじ》を開閉することをしなかった、このため綱吉も『大名だから、大名だから』と言っていた」という逸話を紹介している。

綱吉は家臣団の役職勤務については厳しい態度で接しており、多くが処罰された。奥詰についても就任した者の就任期間を見てみると、多くが一年や二年程度であったが（最短で稲垣重富《いながきしげとみ》の五日だが、これは小姓へ転役したため）、就任した奥詰衆の仕事ぶりが悪く、綱吉の意に添わなかったということも考慮する必要があるだろう。

奥詰登用の背景

奥詰衆に登用された大名は、一三二ページ以降の表5を見てもらうと分かるように、分家大名が多いということに特徴がある。そこでまず、それぞれの本家大名の性格について検討してみよう。奥詰衆の本家については、①有力譜《ふ》代《だい》大名もしくはその分家、②過去に徳川家と血縁関係を有していた大名もしくはその分家、③過去に老中・京都所司代・大坂城代や将軍の側などを輩出していながら近年ではこれらの役職を輩出していなかった大名家、④国持大名の分家、⑤中小の外様・譜代大名に分けることができる。

このなかで注目したいのは、④の国持大名の分家の多くが奥詰に就任していることである。このカテゴリーの本家大名は、加賀金沢藩前田家・肥後熊本藩細川家・安芸広島藩浅野家・備前岡山藩池田家・肥前佐賀藩鍋島家・陸奥仙台藩伊達家・土佐高知藩山内家・筑前福岡藩黒田家・越前福井藩松平家といった国持大名家である。

国持大名家の数は、時代や将軍徳川秀忠の庶兄であった結城秀康《ゆうきひでやす》の子孫である出雲松江藩松平家や美作津山藩松平家を入れるかどうかといった数え方（「家格録」内閣文庫）によっても異なるのだが、だいたい一八家から二一家で固定されていることからすれば、おおよそ、その半数の国持大名家の分家大名から登用されていることが分かる。

ケンペルが見た奥詰衆

国持大名家の分家大名を奥詰として登用した綱吉の意図については、同人が直接考えを記した史料は残念ながら残されていないのだが、奥詰衆を直接見た外国人が記録を残している。それはオランダ東インド会社の医師として来日したドイツ人ケンペルである。元禄四年（一六九一）四月一日、江戸城へ登城したケンペルは、当日の記録として次のように述べている。

幾人かの若い公子や幕府の高官やその他の役人たちがわれわれを見に出て来たが、その中には博多侯の孫もいた。彼は片目しかなかったが、ごく最近、祖父の忠誠のあかし、すなわち人質として将軍から小姓の中に加えられたのである。

（『江戸参府旅行日記』東洋文庫）

もちろん、幕府内部の情報に精通していないケンペルの話であり、おそらく幕府内の人物から聞いた情報であろうから、ある程度差し引いて考えなければならないのだが、まず、ここでケンペルを見に来た博多侯の孫という人物について、まず博多侯とは誰のことを指しているのか定かでないものの、福岡藩黒田家の当主以外、考えられない。そして、この時期、筑前藩黒田家の本分家のなかで将軍の側近く「小姓」のように仕えた者とは、奥詰衆以外にいない。

黒田家で奥詰になったのは、筑前直方藩黒田家の黒田長清《ながきよ》と筑前秋月藩黒田家の黒田長《なが》重《しげ》の二人がいるのだが、長重は元禄四年五月一八日に就任しているので、同年四月一日時点で奥詰となっていたのは長清である（同人の奥詰就任時期は元禄二年四月一八日から同六年八月二八日まで）。

ここで注目したいのは、奥詰が「人質」として将軍の側近くに仕えているということである。言うまでもなく福岡藩黒田家は国持大名であり、国持大名の子弟を「人質」にしているというのは、家康や秀忠の時代のような戦国の遺風が残っているような時代の話と錯覚されるか、ケンペルの話の信憑性に疑問を持たれるかもしれない。

しかし、もともと国持大名が徳川家と肩を並べていた歴史性を有しており、彼らは将軍に対して「客分」的な存在であり、庶子を「証人」とすることで幕藩関係を安定させてきたのである。また、国持大名は一国もしくは同規模を支配することから、他の中小大名とは隔絶した政治力・経済力を持つ存在である。綱吉期における将軍と大名の関係について、塚本学氏によれば、綱吉は専制的権力を高め、全国の諸大名の自立性を認めず、家僕《かぼく》のように扱う姿勢を取ったという（『徳川綱吉』）。

奥詰衆に国持大名や御三家の当主が登用されていないというのは、彼らが登用されるような格式の大名家ではないということであり、また、専制的な将軍権力をもってしても、中小大名や分家大名と同じようには扱えないのである。ましてや日常の将軍に近侍する小姓や小納戸のような職務に就かせることなどありえない。しかし、綱吉の論理からすると、全ての大名家は将軍の家臣である。このため、綱吉は、国持大名の分家を登用していくことで、その本家大名を牽制するとともに、将軍権力が本分家の上位に位置することを示していったものと思われる。ケンペルが「人質」として聞いたのは、分家大名の登用がこのような性格を含んでいたためと思われる。

内分分家の立場

綱吉によって幕政へ登用されていった分家大名だが、とりわけ内分《ないぶん》《うちわけ》分家については問題があった。繰り返すが、彼らは将軍との主従関係を明確に示す領知朱印状《りょうちしゅいんじょう》を拝領していないため、将軍との関係があいまいなまま残されていたということである。現実には、すでに江戸城へ登城し大名として扱われていたのだが、土地を媒介とする将軍との関係が薄く、本家に付属しているという性格を強く残していたのである。

佐賀藩鍋島家では、内分の状態であることを「直参《じきさん》」ではないと表現しており（「参計幾路具」鍋島文庫）、これは将軍との関係よりも本家の家臣としての性格が強いことをあらわしたものである。そして、このような将軍と本家へ臣従する二重主従制においては、綱吉期以前、普請役や馳走役、江戸城の門番役といった公儀役を勤めていなかった内分分家として、佐賀藩鍋島家・阿波藩蜂須賀家・熊本藩細川家の各分家大名や仙台藩伊達家の分家大名田村家などがいた。

公儀役を勤めることは、将軍へ奉公を行うことであり、たとえば、先ほどの『源公実録』には、元禄一六年（一七〇三）一一月二九日付の「口上書」で、前代の家綱政権期に権力を一身に集めていた酒井忠清の子であった酒井忠挙《ただたか》が、同月二二日の夜に地震があり、今は人が必要な時なので、是非とも奉公を行いたい。そこで本丸近くの手伝普請や火消し役・門番役を勤めたいので老中阿部正武へ願ってもいいかどうか、柳沢吉保へ問い合わせを行っている。これは、こうした公儀役を行うことが将軍への奉公となるからであって、特に綱吉によって父忠清が失脚させられた酒井家では、奉公を行うことで綱吉の印象をよくしようとしたのかもしれない。

さて、話を内分分家の公儀役に戻すと、分家が公儀役を勤めるかどうかは、本家大名の判断に委せられていた部分がある。というのも、本来、公儀役は本家大名の石高に応じて課されることになるから、内分分家が幕府から公儀役を課されてしまうと、当該大名家は内分領分を余計に負担しなければならないことになる。こうした事態を避けるためにも内分分家は負担していなかったのであるが、阿波藩蜂須賀家の場合、幕府詰衆として三千俵を拝領していた忠英《ただひで》の二男隆重《たかしげ》に延宝六年（一六七八）一〇月一九日、所領を分与して分家大名としたが、この所領分与の内実は本田もあったのだが、本家二五万七千石以外の新田分として分与していた。しかし、あくまで内分として位置付けるために、普請役や禁中の築地普請役、猿楽米といった、本来、阿波藩全体に掛けられる公儀役は、隆重が勤めないように定めている（「覚」蜂須賀家文書）。いずれにせよ、公儀役を行うということは将軍への奉公となるのであり、内分分家のなかに、公儀役を勤めない者もいたということは、全大名・旗本を徳川の家人として扱おうとする綱吉の政治姿勢と接触することになる。したがって、この綱吉期には、全ての大名が幕府から公儀役を命じられ勤めることになる。

公儀役は、門番などはさほどの財政負担とはならないが、京都から勅使を迎える公家衆馳走役や手伝普請などは、軽く五千両を超えるような場合も少なくなかった。このため、幕府や他の大名からしても、負担者が増えることは歓迎されたことであろうし、内分分家にとっても、将軍への奉公を行うことで、従来の不安定だった立場から他の大名並になることができるのであり、こちらもまた忌諱《きい》されることではなかった。

綱吉は、元禄七年五月一日付で、次の法令を出している。

覚

壱万石以上の面々へ御加増又は所替仰せ付けられ候はば、向後御書出しの節、御朱印下さるべく候、たとえ御判物の格にても御朱印之御書出し下さるべき由、五月一日出羽守(柳沢吉保)をもって仰せ出さる、ただし当戊正月より以来相改め御書出し申し付くべき旨、出羽守申し聞かされ候事

戌五月朔日

（「教令類纂」初集(一)）

万石以上の面々に対して、今後、加増や所替《ところがえ》があれば、誰にでも朱印状を与えると触れたのは、こうした内分分家の取り扱いをめぐって、内分分家であっても朱印状を与え、将軍の家臣としての立場を確定していこうとする綱吉政権の意向があった。

表6　部屋住で役職に就任した人物

氏名	就任年月日	役職	知行年月日	知行高
土屋茂直	延宝6年3月29日	小姓組番	延宝7年12月11日	分知1千俵
石川成茂	延宝6年3月29日	書院組番	延宝8年3月26日	新知5百俵拝領
稲葉正辰	天和元年2月22日	中奥小姓	天和3年閏5月27日	3千石分知
大久保教寛	天和元年2月22日	中奥小姓	元禄5年4月14日	新知2千俵
堀田正虎	天和元年6月1日	中奥小姓	貞享元年10月10日	2万石分知
戸田忠章	貞享2年7月3日	中奥小姓	元禄12年閏9月23日	7千石分知
松浦昌	元禄元年4月27日	中奥小姓	元禄2年7月3日	1万石分知
青山広度	元禄4年6月25日	桐間番	元禄4年7月18日	新知廩米3百俵
宇津教信	元禄5年4月19日	中奥小姓	元禄11年10月16日	4千石分知
朽木種治	元禄7年3月9日	中奥小姓	宝永5年6月25日	3千石分知
内田正長	元禄7年3月9日	中奥小姓	元禄12年3月29日	1千5百石分知
水野忠丘	元禄13年	小普請	元禄14年	新知3百俵拝領
戸田光規	宝永元年1月13日	中奥小姓	宝永2年4月15日	3千俵分知

稲垣昭倫	宝永3年2月29日	中奥小姓	宝永4年	新知5百石拝領
久世広籌	享保3年	中奥小姓	享保5年	5千石分知
田沼意誠	享保17年4月1日	一橋に付属・小姓	宝暦9年3月4日	新知5百石拝領
戸沢正諶	元文2年9月27日	寄合	元文2年12月6日	7千俵分知
酒井忠仰	延享3年9月15日	家治の伽	寛延元年7月5日	新知3千俵拝領

（註）徳川綱吉期以降に限る。

幕府へ奉公を行う部屋住格大名

『寛政譜』によると、将軍徳川綱吉より以前では、大名分家のうち所領の分知を受けていない部屋住格であっても、奏者番《そうじゃばん》や小姓組・書院番への入番など、幕府の役職に就く事例はさほど珍しいことではない。

つまり、父親の扶養のもと、幕府への奉公にはげむということになるのだが、綱吉期以降になると、おおよそ本家からの分知と役職就任（寄合・小普請含む）が同じ年月日に行われている。表6は綱吉期以降、分知される前に役職へ就任していた事例をあげている。こうして見ると、分知される以前の奉公として、中奥小姓への就任が一番多いところに特徴があるのだが、これは幼少から小姓として将軍の近辺へ仕えるためである。それから、この表から分かることとして、綱吉は庶子について部屋住格での役職就任を認めない方針であったということである。分知と役職就任を同時期に行うことで、綱吉は、部屋住格の状態を認めず、庶子を正式な家臣である大名・旗本として把握することを意図していたと考えられる。それは、幕府へ出仕する家臣一人一人に対して役を賦課していくということであり、この延長線上に、これまで公儀役を負担していなかった内分分家に対する公儀役賦課があると考えられる。綱吉期以降、内分分家も幕府の構成員として、公儀役を勤めることが義務付けられたのである。

綱吉の政策と本分家の秩序

徳川綱吉によって別朱印《べつしゅいん》分家であっても内分分家であっても無関係に幕政へ登用されたが、これには従来からの本分家秩序を破壊するという側面もあったことは確かである。分家大名が幕政へ登用されることで、本家大名が恐れたことは、その分家大名が領知朱印状を拝領してしまうと、改易や転封となった場合、分家領が幕府領とされてしまうことであった。

実際、土佐高知藩山内家において、綱吉に気に入られていた分家大名山内豊明《とよあきら》（土佐中村三万石、内分分家）は、元禄二年（一六八九）四月一四日に奥詰となり、五月三日に若年寄へと抜擢された。しかし、同人が辞退したため、同月一一日、綱吉の勘気に触れ逼塞《ひっそく》のうえ、二万七千石の減知を受け三千石寄合並にされたが、この時も御礼をしなかったとして領知は全て没収となり、青山忠重へお預けとなってしまった。

結果論でしかないが、豊明が、奥詰とならなければ、こうした事態とはならなかったであろう。なお、豊明の領知三万石は幕府領となり同年八月三日に本家預かりとなったが、返還されたわけではなかった。山内家に還付されたのは同九年一二月九日であった。約七年間はどうなるか分からない状況であり、国持大名であった山内本家では土佐一国を完全に領知とすることができなかったのである。

また、佐賀藩鍋島家では小城藩主鍋島元武の奥詰衆就任によって浜松への転封も噂されたことから、本家では朱印状を拝領して正式な分知を認められてしまうことに非常に神経を尖らせていた（「三家機路具」鍋島文庫）。いっぽうで分家側では、本家の領知高が減らされることなく朱印状を拝領したり転封となれば「幸いのこと」であるとする認識であった（鍋島元武宛直能書状写『直能公御年譜』六、小城鍋島文庫）。

江戸幕府の養子政策

こうした徳川綱吉の分家大名の取り扱いについては、同人の死去後、正徳六年（一七一六）閏二月の法令をもって修正されることになる。それは、本家の血統を保持し、本家の家督相続者不在時に分家から養子を輩出して入嗣するという、分家がもともと持っていた役割を再認識していくものであり、綱吉期における本分家の在り方を修正していくことになるのだが、この点について述べるためには、江戸幕府における開幕当初からの養子政策について、時間をさかのぼって見ていく必要があるだろう。

大名家において家督を相続すべき実子がいない場合、養子によって「家」を連続させていくことになる。その際問題となるのが、被相続者の実家が当該大名家と同姓（「同族」）なのか他姓であるのかということがある。同姓（「同族」）については説明しているので、他姓の場合だが、これは「同族」でもなく、かつそれまで「親類」関係を全く有していない、いわば縁もゆかりもない「家」という場合もある。日本は東アジア社会における儒教的観念のもと、同姓での養子を重視してきたが厳密なものではなく、他姓であっても認めてきた。たとえば、徳川家康は、三河時代からの家臣で、西三河の旗頭として信頼の厚かった石川康通《いしかわやすみち》（美濃大垣五万石）に子がいなかったため、同じく信頼の厚い大久保忠隣《おおくぼただちか》の二男忠総《ただふさ》を康通の養子とすることを命じたこともあった。

それでは次に、幕府法令から、同姓・他姓それぞれの養子を幕府がどのように位置付けていったのかを見てみることにしよう。まず、幕府は寛永九年（一六三二）九月、「諸士法《しょしはっ》度《と》」において、筋目なき者の養子を禁止し、さらに寛文三年（一六六三）八月の「諸士法度」において、同姓についての範囲を、当主を中心にして弟・甥・従弟《いとこ》・又甥《またおい》・（又）従弟と限定して、養子は同姓が優先することを命じた。また、同姓の候補者がいなければ、入り婿、娘方の孫まで、正室の姉妹の子、父か母の異なる弟に限定した。

これら「諸士法度」は主に旗本層を直接の対象としたものであり、これを大名にまで拡大させたのが、儒教を政治理念として掲げ、家族親族間の明確な序列化を目指した将軍綱吉である。天和三年（一六八三）七月に公布した「武家諸法度」において、「養子は同姓相応の者を撰び、もしこれなくにおいては、由緒を正し、存生の内言上いたすべし（中略）たとえ実子といえども、筋目違たる儀、立つべからざるの事」として、養子にはまず「同姓相応」の者を選ぶように命じており、もし、同姓の者がいない場合は「由緒を正し」、「筋目」の重視、たとえば、特別の理由もなく長男を差し置いて、二男や三男が家督相続者となることを厳禁した。

この天和の武家諸法度以降、大名家にとっても親族関係、とりわけ「同族」との関係性が、重要となったことは確かであろう。以降、武家諸法度における養子の規定は変更されることなく幕末にまで至っている。

それでは同時代、当の武士たちはこうした徳川綱吉による養子相続の規定をどのように認識していたのであろうか。この点については、戸田茂《も》睡《すい》（一六二九〜一七〇六）が、その著書『御当代記』（『東洋文庫』）において書き記している。同書によれば、「養子の御吟味つよき事いふにいはれず、厳有院様御代の時御僉儀《詮議》極り養子に仰せ付けられ候者も多（他）門なれば仰せ付けられず候、一門同名の中なりとも、近きを願はで遠きを願たるをば仰せ付られず候、たとへ実の親と子にても不合の事あれば、一男をさし置て次男を総領にたつる事有、人の子を我子になして、親と子のふかき交りをむすぶ事なれば、養父の心にあハざるものを子にいたすハきのどく成事也」と述べている。つまり、養子の吟味が家綱期よりも厳しくなっており、他姓では仰せつけられず、さらに同姓であっても血筋が近い候補者がいるにも関わらず血筋の遠い者を養子に願ってしまうと許可されないというのである。

綱吉期における養子に関する武士の認識

家督相続においては、さまざまな事情から二男が惣領になることもあるのに、養子について武家諸法度に同姓から選ぶようにと規定されており、さらに「筋目」違も禁止されているため、養父の意向に沿わない養子が選定されてしまう現実を指摘して、綱吉の養子政策を批判している。ただ、こうした茂睡の言葉は、養子が前当主や家臣の恣《し》意《い》によって選ばれる可能性があったことを示している。養子の選定をめぐり家中騒動へと発展した事例を見出すことは難しいことではなく、幕府は、大名家に対して恣意性を排除した養子を選定させることで家中内秩序の安定化を図ったのであり、その際、血統の連続性を重視する儒教的・伝統的倫理観に基づき、血縁関係のない他姓養子よりも、なるべく同姓から養子を選定させることで、家督相続者としての正当性を付与したと考えられる。

もちろん、綱吉期においても血縁関係のない養子が認められなかったわけではなく、とりわけ、綱吉の周辺では「武家諸法度」における規定どおりの養子選定が行われていたとは言い難い状況であった。たとえば、信濃小諸藩牧野家では、元禄元年（一六八八）七月、本庄宗資《ほんじょうむねすけ》の四男康重《やすしげ》が当主康道《やすみち》の養子となり、同二年七月三日家督相続している。牧野家と本庄家に血縁関係はない。本庄家が綱吉の母桂昌院《けいしょういん》の実家であったことからすれば、この養子縁組が綱吉の意向であった可能性は否定できないだろう。

家宣の武家諸法度

幕府による同姓重視の養子政策は、宝永七年（一七一〇）四月に公布された徳川家宣による「武家諸法度」においても基本的な変更はないばかりか、より厳格となっており、内容については「子なからんものは同姓の中其後たるべき者を撰ぶべし（中略）附、同姓の中継嗣《けいし》たるべき者なきにおいては、旧例に准じて、異姓の外族を撰びて言上すべし。近世の俗、継嗣を定る事、或は我族類を問ずして、其貨財を論ずるに至る。人の道たるかくのごとくなるべからず。自今以後厳に禁絶すべき事」としている。養子は、まず同姓から選び、不在の場合は異姓の親族から選ぶように命じている。「貨財」、つまり持参金を目当てにした無縁の者を養子として家督を相続させることを厳禁している。

この武家諸法度では、天和期のそれが、養子は「同姓相応」としていたものが、はっきりと同姓による養子優先が規定されており、同姓を重視した養子選定の厳格化が図られている。もちろん、諸大名家の家督相続の実例を見ていくと、実態としては他姓養子であることはけっして珍しいことではないのだが、武家諸法度により示された同姓や血統に基づく筋目を重視した養子の選定は、幕府の基本的な方針として位置付けられる。

正徳の法令

それから、正徳六年（一七一六）閏二月に公布された幕府法令は、分家の役割、特に内分分家の存在を明確にした点において、本分家にとって重要な意味を持つものであった（『御触書寛保集成』九八二号）。

本法令では、まず、「総領家所領の内を分知し、別朱印は頂戴なき面々、総領家を相続すへきものなく、其つゝき近きによりて、一子を以て本家の養子とすへき由を望み申し、御恩許《おんきよ》において、自分の家は養子を以て相続に及ふへからす、其身一代の後、其分知は本家へ還し附らるへき事」としている。要約すると、将軍から領地朱印状を拝領しない内分分家が、一子を本家へ養子として差し出したならば、その跡は絶家にするとし、領知も本家へ還付するとしている。

そして次に、「総領家所領の内を分知して別御朱印を頂戴し、其家相立候面々、総領家を相続すへきものなきに依て、御恩許を蒙り、其一子を以て本家の養子に遣すといへとも、既に本家の外に其家を立下され候上は、自分もまた親族の中を撰ひ、其家を相続せしむへきにおいては、其旨を言上して上裁を伺ふへき事」として、本家から分知を受け領知朱印状を拝領する別朱印分家については、本家へ一子を養子に差し出しても、親族から継嗣を選ぶように規定している。

ここで本法令の歴史的意義について、二点ほど指摘しておきたい。まず第一に、幕府内における内分・別朱印両分家の位置付けを明確にしたことである。これまで述べてきたように、綱吉期に内分分家は、別朱印分家同様、馳走役や江戸城門番などの公儀役を負担することになった。また、奥詰をはじめとした幕府役職に登用されたことで、両者の区別が曖昧となっており、本法令において、幕府内における別朱印・内分各分家の位置が再認識されるとともに明確となったのである。

第二に、幕府が本家を中心とした血統の維持を志向していたことである。この点については、もし内分・別朱印両分家の一子が本家を相続したことにより、同姓や親類ではない者が分家を相続し、さらにこの相続者が本家を継いだ場合、もとの本家とは全く血縁関係のない本家当主が出現してしまうことになるのである。こうした事態を防ぐためにも、幕府は、分家を断絶にするか、もしくは相続者を親族に限定することで血統の維持を図ったと考えられるのである。養子縁組は、幕府の許可を得る必要があることから、幕府の養子政策が、大名・旗本の養子選定にきわめて大きな影響を与えたことは間違いない。ただ武家社会における養子縁組は、政治的思惑や財政援助を期待するなど、「御家」の運営とも密接に関わる問題であることから、同姓からの選択が重視されつつも、他姓養子がなくなることはない。

時代は離れるが、長岡牧野家の場合、天保九年（一八三八）一二月二日、老中松平乗寛《のりひろ》の三男忠恭《ただやす》が牧野家当主忠雅《ただまさ》の養子となり安政五年（一八五八）一〇月に家督相続している。忠恭もまた継嗣に恵まれなかったことから、同年一二月六日に奏者番兼寺社奉行本庄宗秀《むねひで》の四男忠訓《ただくに》を養子としており、同人は慶応三年（一八六七）七月に家督を相続するなど、他姓からの養子が続いた（『牧野家譜』長岡史料刊行会）。これらは、同姓関係よりも、幕府内における老中同士や役職による政治的関係や思惑のもと、他姓養子が行われたものと思われる。

一族としてのまとまり

本分家と転封

これまで繰り返し述べてきたとおり、大名家における本家大名と分家大名は、それぞれ将軍との関係を有しているところに特徴がある。特に徳川の家人《けにん》としての立場が強い譜代《ふだい》大名の場合、将軍と分家大名の関係が強まり、加増や転《てん》封《ぽう》によって、本家と領地が離れていき、やがて本家を上位者、分家を下位者とする本分家関係そのものが希薄となっていくこともあった。

外様《とざま》大名家でも、将軍権力が強い時期では、本分家が分離していく可能性もあった。たとえば、徳川家康や秀忠の時代は、金沢藩前田家の庶子利孝が、上野七日市に所領一万石を拝領し、豊前小倉藩（当時）細川家でも藤孝《ふじたか》の二男興元《おきもと》が常陸谷田部にて所領一万六千石余を拝領したように、本家の所領とは遠く離れて新たに領知を与えられる場合があった。

なお、これらの所領が関東で与えられている点は注意する必要があるだろう。関東は言うまでもなく、徳川家の所領であり、譜代家臣にのみ所領が与えられることから、徳川家では、前田家や細川家の庶子たちを譜代家臣と同様に位置付けているのである。それから、専制的な権力を振るった将軍徳川綱吉の時代は、佐賀藩鍋島家の分家大名であった小城《おぎ》藩鍋島家や、陸奥盛岡藩南部家の分家大名八戸南部家において、遠江浜松への転封が噂された。すでに述べてきたように、小城藩の当主鍋島元武は、奥詰として最後まで勤めた人物であったし、八戸藩の南部直政も貞享四年（一六八七）九月一八日に本来、譜代大名が命じられる雁間《がんのま》に詰める詰衆《つめしゅう》となり、元禄元年（一六八八）九月一二日には側衆となるなど、綱吉に気に入られた大名であった。

そして、浜松は家康が居城としていた時期もあり、本来譜代大名にしか与えられない城地であったが、ここに右の分家大名たちを転封させようというのは、まさに綱吉が彼らを徳川の家人として扱おうとしていたことに他ならない。しかし、現実には、両家とも転封されることはなく、所領も旧来のまま、幕末にまで至っている。特に国持《くにもち》大名家の場合、分家大名の改易はあっても、転封されるということは皆無であった。

もっとも、国持大名ではないのだが、その下の家格である国持並（准国持）大名の筑後柳川藩立花家では、分家大名であった筑後三池藩立花家との地縁が分離してしまうことがあった。三池藩立花種周《たちばなたねちか》は、寛政五年（一七九三）八月二五日、若年寄に就任したが、幕府内では一橋派に属したため、寛政の改革を行っていた松平定信《まつだいらさだのぶ》との政争に巻き込まれ、文化二年（一八〇五）一一月、出仕停止となり、隠居を命じられた。このため家督を四男種善《たねよし》に譲ったが、三池立花家は陸奥伊達郡下手渡《しもてど》へ転封となった。事実上の左遷である。この時、柳川立花家では、幕府へ「願書」を提出して、三池立花家の旧領復帰を願っている（「願書」三六九、板倉家文書、国文学研究資料館）。

立花家の願書

柳川藩の主張は、今回の転封は、種周が幕府の役職に就いていたことが原因であるから、自分（柳川藩）が何か言うべき筋の話ではないが、立花家にとって中興の祖となる立花宗茂《むねしげ》は、三池藩の祖である高橋鎮種《たかはししげたね》の嫡男であったものの、同じく立花家の祖先である戸次鑑連《べっきあきつら》（道雪《どうせつ》）が無理に言ってもらい受けたため、鎮種の二男直次《なおつぐ》が三池を相続したのであり、立花と高橋両家はともに大友の支族であると、柳川と三池の系図上のつながりを強調する。

そして、豊臣秀吉から柳川を拝領した時も同時に直次が三池を拝領し、関ヶ原の戦いによって立花家が柳川を退去した際も直次は三池を退去したこと、元和六年（一六二〇）に宗茂が再び柳川の領地を拝領すると、直次もまた三池を拝領するなど、三池の所領は本家と離れがたい歴史を持っていたことを説明する。さらに、寛永一四年（一六三七）の島原の乱でも柳川藩の家臣立花内膳が直次の名代となって三池の軍勢を率いたことや、参勤交代で国許《くにもと》を発足する際には柳川へ立ち寄っていることから、「三池藩は末家同然である」から、先祖の墳墓《ふんぼ》もあり、何とか旧来のごとく、三池への帰藩を許して欲しいと願っている。

この末家とは、従属性の高い分家のことで、詳細は後述するとして、柳川藩立花家では、本分家を理由として旧来どおりの地縁的結合の復活を願っているのであり、こうした土地および本分家としての地縁的結合関係への執着は、立花家が外様大名であったことに大きな要因があるだろう。譜代大名であれば、左遷されても、また役職に就くなどして奉公に励めば復帰できる可能性も考えられるが、外様大名家ではいつまた登用される機会があるかも分からないのである。

本家による支配

国持大名家の分家が転封されなかったというのは、もちろん後代から見た場合の結果論でしかないのだが、将軍とも関係を持つ本分家の大名たちが、「同族」としての結合関係を維持していたことも事実である。それは本家による分家へのさまざまな支配を行うことで維持されていくことがある。本家による支配の在り方は、各大名家によってそれぞれのやり方があり、けっして一様ではない。

たとえば、本家の家臣を分家へ派遣するということがある。代表的なのは附家老であり、分家の藩政を統括させるか関与させていくことで、本家の意思を貫徹させていくことになる。こうした家臣の派遣は、分家の創出期以外、分家の家政が混乱している非常時に限る場合もある。

佐賀藩鍋島家では、分家大名であった鹿島藩鍋島家が財政難のため、たびたび援助を願ったため、集権化を進めていたこともあり、文化期から嘉永期の二度に渡って一度分知《ぶんち》した領地を再び吸収してしまう計画を立て、幕府へ願い出たが許可されなかったため、家臣を派遣して家政の立て直しを図った。

また、そもそも分知時に所領を分与することはせず、廩米だけを支給して、家臣も当主の身の回りを世話する程度しか付属しなかった安芸広島浅野藩の分家大名であった広島新田浅野家もある。これは究極の本家による支配とも言えるが、江戸時代は一般の家臣も土地ではなく廩米や金銭を拝領する制度を取る藩が多かったことからすれば、大名身分においても内実は廩米取の大名が成立していたことは注目される。

分家大名に配慮する本家

従来、本分家関係に関しては、本家が分家をどのように支配していくか、また、本家の意思を分家へいかに貫徹させていくかといった支配的側面が非常に注目されてきた。この結果、本家は分家を支配するということがいわば「常識」とされてきた。もちろん、本分家関係において、支配と、これに伴う分家側の従属という側面があったことは間違いなく、一面ではそうなのかもしれない。しかし、問題なのは、分家側がどのように従属していたのか、その中身であり、分家側が支配をどのように受容していたのか、ということである。

かかる点を考えるためには、単なる本家による支配的側面だけを見ていたのでは、本分家が「同族」として関係性を築いていた実態を見逃してしまうことになるのではないだろうか。というのも、繰り返すが、分家大名も将軍との関係を有している以上、分家大名を支配することは将軍の家臣を支配することに他ならないのである。このため、本家大名は、分家大名を他の家臣と同等に扱うことができなかったし、一定度の遠慮をする必要があった。

こうした本家と分家が、具体的にどのような関係性を結んでいたのかを明らかにしていくため、次に、上野沼田藩土岐家・越後長岡藩牧野家それぞれの分家が、より従属的な立場である末家となることを願った事例、そして、肥前佐賀藩鍋島家の事例から、支配的側面以外も検討してみることにしよう。

沼田藩土岐家の本分家関係

沼田藩土岐家は、江戸時代を通して分家旗本を四家創出している。このうち三家は元和五年（一六一九）正月に死去した土岐定義《ときさだよし》の子頼豊《よりとよ》（二百石百俵）、頼親《よりちか》（千百石）、頼久《よりひさ》（七百石）を祖としており、いずれも寛永期に幕府への奉公によって、新知拝領したものである。残る一家は、その屋敷地から溜池《ためいけ》土岐家と呼ばれ、藩主頼殷《よりたか》の二男頼郷《よりさと》が正徳五年（一七一五）一一月一五日に初御目見《はつおめみえ》を行い、享保六年（一七二一）七月二一日、兄頼稔《よりとし》から三千俵を与えられていた。

この土岐家の本文家関係について、「諸遺所書」（土岐家文書、群馬県立文書館）という史料の「御末家幷御由緒之御家之部」という項目から検討してみよう。

本史料は一九世紀に書かれたもので、土岐家の由緒や、親類関係・儀礼関係などについてまとめており、本分家について、まず最初に書かれているのは溜池土岐家である。本家が最も直近に創出した分家、つまり血統の近い分家をまず先頭に書いている。そもそもこの末家は、すでに述べたように、本家からの分知が所領ではなく廩米《りんまい》給与であり、これだけでも本家への従属度がきわめて高いのであるが、創立当初の当主頼郷は、本家の江戸藩邸で暮らしており、時期は不明だが、後になって溜池に屋敷を拝領したという。さらに、本家から家臣が付人として同家へ派遣されることが慣例となっており、用人や勝手方などの頭役《かしらやく》を勤めていた。

いっぽう、寛永期に創出された分家は、土岐家のなかでは「御末家三軒」と称されていた。これらは、幕府からの拝領石高では頼親家が一番の高禄であったが、土岐家では、その基準ではなく、初代の兄弟順で諸事の会釈などの順を決めていた。そして、幕末時、一番石高の少なかった頼豊家の当主源之丞《げんのじょう》は、財政の困窮から本家の屋敷地に住居を移し、祖父ともども住んでいた。また、本家からはやはり付人として浜田荘助が派遣されるなど、本家の差配のもと、家政の立て直しが行われていた。それから、付人については、当時、頼久家へも林金左衛門が派遣されていた。

このように、新知拝領分家であっても、幕末時になると、本分家関係のもと、本家へ従属的な立場としての末家となっており、また幕府もこうした状態を認めていた。また、儀礼の場では、本家を頂点として、幕府による拝領高ではなく、兄弟の順番が優先されるなど、「同族」としての側面が強くあらわれるところに特徴がある。

それから、土岐家の宗家は、そもそも美濃国において守護を勤めていた名族であり、一族は早く中世から分派しており、沼田藩土岐家もこの一門であったとされるが、他にも江戸時代まで、いくつかの土岐家が存続し江戸幕府に召し抱えられた。その一つに、戦国時代に常陸国江戸崎に移った江戸崎土岐家がある。この系統は、家康の庶子頼宣に従って和歌山へ移り、吉宗の将軍職就任に伴い幕臣となり、二千二百石を知行した。その後も当主朝利《ともとし》は、将軍の側近くに仕える小納戸《こなんど》や小姓を勤めた後、文化八年（一八一一）には一橋家へ配属されるとともに家老にまで昇進していた。また、孫の朝義もまた祖父と同じように小納戸や小姓を勤めた後、嘉永四年（一八五二）に一橋家の家老となっていた。

さて、この江戸崎土岐家は、沼田藩土岐家と「同族」ではあっても、一七世紀以降、支配・従属関係を伴う本分家関係は構築していなかった。しかし、同じ土岐一族ということで、次第に関係を深めていき、一九世紀の前半頃には、沼田土岐家の末家となり、幕末時には、やはり沼田本家から露木半介が、江戸崎土岐家からの願いによって「御貸人」として当分の間だけだが派遣されていた。これも、江戸崎土岐家の財政を立て直すためと思われるが、沼田藩にとっても、本家となることによって、江戸崎土岐家の面倒をみる義務が発生することになるのであった。

長岡藩牧野家の本分家関係

次に、同じく譜代大名だが、小諸藩牧野家が長岡藩牧野家の末家となる過程について検討しておこう。牧野家は、幕末の戊辰戦争で政府軍を相手にした河井継之助の奮戦が有名だが、もともと三河以来の譜代で、その領地は、天正一八年（一五九〇）、徳川家の関東入国後、当主康成《やすなり》は上野国大胡《おおご》二万石、越後国長峰五万石などを経て、元和四年（一六一八）、越後国長岡六万二千石余へ転封となり、同六年、一万石の加増と新田高を合わせて表高七万四千石で定着した。これが本家の長岡藩牧野家である。

この長岡牧野家が江戸時代になって創出した分家のうち、ここで対象とする小諸藩牧野家は、寛永一一年（一六三四）五月、康成の子であった当主忠成が、二男で祖父と同名の康成に同国与板一万石を分知したことに始まる。その後、元禄一五年（一七〇二）九月、徳川綱吉から五千石を加増されたうえ、信濃国小諸城を拝領した。

この長岡藩と小諸藩（与板藩）は、一七世紀中頃以降、関係性をいっさい持たない義絶という状態にあった。その理由については、別朱印を拝領するかどうかという項目においても述べたが、これまで内分であった与板藩が、寛文四年（一六六四）の寛文印知において、幕府から領知朱印状を拝領してしまったためであった。それからもう一点、両家の関

図16　牧野家系図

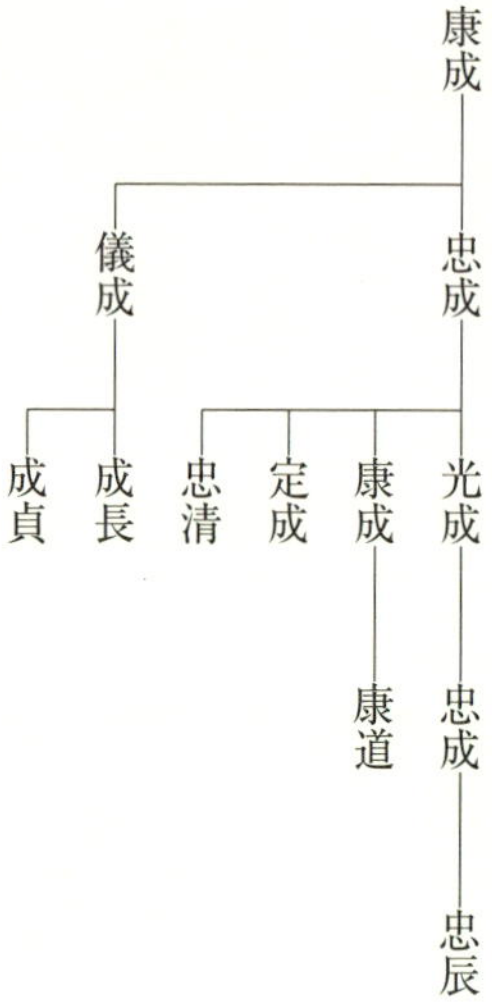

係を悪化させた理由として、養子縁組や婚姻をめぐる問題があった。長岡本家の当主忠成は、もし孫の飛騨守忠成（同名のため名乗り名を付ける）に実子ができなければ与板牧野家当主康成の子康道を養子とするように遺言して死去した。しかし、飛騨守忠成はこれを不満に思い、康通を養子にしなかった。

　その理由について、『土《ど》芥《かい》寇《こう》讎《しゅう》記《き》』という史料（牧野康道の項）によれば、忠成がまだ幼少であった時、康成が後見を行っていたのだが、その時、康成は甥の忠成に対して疎略の振る舞いが多く、このため忠成は康成を恨むことが多かった。そして、康成の死後は、生前からの約束によって忠成は康成の娘と婚姻したものの、寛文八年二月二八日に離別してしまったため、その兄で与板牧野家の当主であった康道とも不仲になってしまったという。当主同士の感情的な問題から、両家は義絶に至ってしまったのである。もちろん、義絶は当主だけの問題ではなく、家臣同士でさえ、いっさい交流を行わない。

こうした状況を解消しようとしたのが、当時、綱吉の側用人《そばようにん》として大きな権勢を振るっていた、「同族」の牧野成貞《なりさだ》であった。天和二年（一六八二）、成貞の仲介によって長岡と与板の両牧野家は義絶関係から和睦している（「御本家様御取扱」小諸牧野家文書）。

両敬関係を結ぶこと

ところで、大名家同士が特に親密な関係であることをあらわす場合、やり取りする書状や訪問時において、特別の敬意を払った表現をする両敬《りょうけい》という関係がある。この両敬はそれぞれの家において取り結ぶことで成立し、さらに複数の大名家と取り結ぶことで懇意のグループであることを示すものである。

それでは、牧野家では、和睦をしたことによって、「同族」でもあることから両敬を結んでいたのであろうか。実は、長岡・与板両牧野家は和睦後も、両敬関係を結ぶことはなく、さらに牧野家の「同族」内でも、成貞やもう一つの旗本分家であった三根山牧野家など、両敬関係を取り結んでいなかった。こうしたなかで、従来からの牧野家の環境を変える事態が出現した。

それは与板牧野家が幕府から転封を命じられたことである。長岡藩は、転封することが多い譜代大名のなかでも、転封されることがなく地方の拠点を委ねられた大名家であり、その所領から分与を受けて成立した与板藩牧野家とは、義絶をしたとはいえ、領地が隣接することから地縁的な結合関係は維持していた。

しかし、牧野家にとって、運命を変えたのは、「同族」で神田館の徳川綱吉に仕えていた成貞が、主君の徳川宗家相続、および将軍職就任に伴い、権力の中枢へと上り詰めたことであった。

「同族」関係は、けっして同じ関係性として続いていたのではなく、その時々の上位権力との関係次第で、結び付きを強めることもあれば、弱体化していくこともあり得た。このために、次に検討を行う佐賀藩鍋島家では本分家で独自に法を制定するなどして、関係性を維持していた。

さて、牧野家の本分家の場合、特に将軍徳川綱吉期は、成貞に続いて、与板牧野家も従来からの家格が綱吉によって大きく変動した。まず、同家では、元禄元年（一六八八）七月、綱吉の生母であった桂昌院の弟で、大名に取り立てられていた本庄宗資《ほんじようむねすけ》の四男康重が、与板牧野家の当主であった康道の養子となった。『寛政譜』など、幕府によって編纂された系図類を見ても、康重と康道に直接的な血縁関係はない。もちろん、牧野家と本庄家は何の縁もゆかりもないことから、明らかに綱吉の個人的な関係性と考えに基づいて、養子縁組が行われたものと思われる。その後、康重は、同二年七月に康道の跡を継いで与板牧野家を相続した。

そして、すでに述べたように、同一五年九月には、綱吉から五千石を加増されたうえ、信濃国小諸城を拝領して転封となっている。ここにおいて、血縁以外、所領についても、長岡牧野家との関係性が打破され、本分家の地縁関係が消滅することになった。この転封によって、それまで無城という格式であった与板牧野家が、城主という格式に上昇したのである。なお、この観点からの大名の家格で城主の上に位置するのは、一国、もしくは同規模を領する国持ということになる。さらに与板から移った小諸牧野家では、翌月一三日に、江戸城内における殿席《でんせき》も、菊間《きくのま》広縁から雁間へと格上げされている。

いっぽう、長岡牧野家は、江戸時代を通して城主であり、殿席は一七世紀中後期以降、帝鑑間《ていかんのま》と定められていたが、天和三年（一六八三）九月一一日から元禄八年六月二九日までは雁間へと変更となっていた。つまり、この期間はちょうど、将軍が綱吉であった時期と重なるのであるが、牧野家の本分家間では、少なくとも、石高の大小による家格の高低はあるにしても、幕府内における城主格や殿席という点においては同等に位置付けられていたのである。このため、長岡・小諸両牧野家間では、天和三年に和睦して以降も、すぐに上下関係を含むところの本分家関係を構築していくことができなかったのである。

そして、両家が再び関係性を構築していくのは、綱吉も死去し、将軍が徳川吉宗となっていた享保八年（一七二三）九月に、長岡本家当主忠辰の跡を継いでいた忠寿が、幕府の役職であった奏者番に就任した翌年の同九年からである（「御本家様御取扱」小諸牧野家文書、以下の記述も同上史料に拠る）。

二月一九日、長岡牧野家の家老稲垣太郎左衛門は、同家の江戸留守居役《るすいやく》であった根岸弥次右衛門を、小諸牧野家の家臣小川甚左衛門のもとへ遣わし、「近年、両家の間が疎遠となっていることを主君忠寿をはじめ、長岡の家臣も大変、残念に思っています」と述べるとともに、そこで、双方の家の家臣だけでもご機嫌伺いをするなどして、日常の交流を行いたいと述べさせた。いきなり大名当主から交際を始めるのではなく、まずは家臣たちから始めようというのである。この稲垣の申し出に対して、小諸藩側でも特に異存はなく、三月朔日には、小川と同じく小諸牧野家の家臣であった倉地小左衛門が長岡藩邸へやって来て、藩主忠寿へ御目見を行い、四月朔日には、今度は逆に稲垣・根岸・用人倉沢竹右衛門が小諸藩邸へやって来て、小川と倉地同様、同じく小諸牧野家の当主であった康周へ御目見をしている。本分家間においては、大名当主同士だけでなく、家臣団の交流もまた関係性を維持していくうえで重要な要素であった。

両家の家臣団の交流はその後も続けられ、そして、ついに元文四年（一七三九）、両家の間で両敬関係が結ばれることになった。これも長岡牧野家の方から小諸牧野家に対して、両敬関係を取り結びたいと提案したことで実現したものであり、さらに、長岡牧野家は、この時、笠間牧野家とも両敬を結んでおり、笠間牧野家もまた、三根山牧野家と両敬を結ぶなど（「御家譜」『茨城県史料』近世政治編Ⅱ）、長岡牧野家の主導により「同族」間の両敬関係が構築されていった。

小諸藩牧野家の末家成り

家老同士の交流から、「家」として両敬を結ぶことで、長岡藩牧野家と小諸藩牧野家は交流を再開した。もっとも、ここでは対等の付き合いかと言えば、そうでもなく、たとえば、延享三年（一七四六）四月に長岡牧野家当主忠敬が江戸を発ち国許の長岡へ帰国するにあたって、小諸牧野家では、様子伺いと称して中山道板橋まで使者を送ったり、寛延三年（一七五〇）六月には小諸牧野家から長岡牧野家へ暑中見舞を送付するなど、どちらかというと、やはり小諸牧野家が分家＝下位者として上位者である長岡本家と交際を行っている感が強い。

こうしたなかで、小諸牧野・長岡牧野両家の関係性が、大きく変化する画期となるのが寛延四年である。実は、小諸牧野家では、前年より家の財政が極度に窮乏していることから、その立て直しを本家である長岡藩へ依頼していた。この時期の小諸藩牧野家の財政状況について、具体的なことは分からないものの、少しさかのぼって寛保二年（一七四二）八月に領内を襲った風水害、いわゆる「小諸大変」によって大きな打撃を受けており、一一月一九日に幕府へ提出した損毛届《そんもうとどけ》によると、一万五千石の高のうち八八一八石余が損毛となっている（「牧野内膳正康周公御代記」小諸牧野家文書）。このため、一二月には幕府から二千両を拝借するなど、その藩財政はきわめて悪化していた。

そこで長岡藩から根岸弥次右衛門・高野七左衛門・元〆役《もとじめやく》野口沢治郎・小林左忠次といった家臣が小諸へ派遣されていた。そして、小諸藩は、同四年六月一九日付で、次の願書を長岡藩へ提出している。

私勝手段々不如意相成り、去冬に至り必止の行き支え、公辺勤《こうへんつとめ》も差し障り、ならびに家中扶助も仕《つかまつり》かね候程の儀に付、追々思し召しをも相伺い候処、御懇意仰せ聞かされ、忝《かたじけ》なき仕合せに存じ奉り候、右の趣御座候えば、政務へも相慎み候義故、以来万端《ばんたん》御引き請け御差図下され候様頼み奉りたく存じ候、此段中絶仕り候御事故、今度改めて申し上げ候条、宜しく御聞済なし下されたく候、謹言

寛延四辛未年六月十九日　牧野遠江守（康満）御印御居判

牧野内膳正（康周）御印御居判

牧野駿河守（忠利）様

小諸藩牧野家の当主康周と嫡子康満の連名で出された願書であり、藩の財政窮乏によって、幕府への奉公や家臣団の扶助も行えないため、全ての面において小諸藩政を引き受けてもらい指図を受けたいというのである。文中、本家が分家を「引請」ていたことが「中絶」していたと述べているものの、具体的な時期は書かれていない。これは、おそらく義絶する以前の与板時代のことを指しているのであろう。こうした小諸藩の願いは、見ようによっては、本家が分家を一方的に支配するという従来からの構図でありながらも、その内実は全く異なっている。つまり、財政難という理由によって、分家がみずから本家の支配下に入りたいと願っているのである。

いっぽう、小諸藩牧野家からの願い出に対して、本家である長岡藩牧野家でも、次の請書を小諸牧野家へ出している。

そのもと家風取り扱いの事、本家へ相談の義、中頃より一通りに相成り来たり候所、
万端此方差図に任され、以来御取り計らいこれありたき旨、古来の通承引せしめ候条、
家中へも一統御申し聞かさるべく候、なお此方家老共へも申聞置候也

牧野駿河守印

寛延四辛未年

牧野内膳正殿

牧野遠江守殿

ここで、長岡藩牧野家が述べているのは、小諸藩牧野家の家政に関する取り計らいについて承諾したものであり、ここで「古来」といっているのは、やはり与板時代のことと推定され、この時代の関係に戻すということは、上下関係を含むところの本分家関係を確認するものであった。分知以来、義絶と和睦を経験したり、将軍綱吉との関係などから、両家の本分家関係は、くっついたり離れたりといった状況であったのだが、ここに至って両者間の合意に基づく形で、本分家関係が確認されたのである。

実際、これ以降、両家では、幕末に至るまで長岡本家の代替ごとに、右とほぼ同文の願書と請書を交わすことで、小諸藩が本家長岡藩へ従属することを代々確認している。

それから小諸藩牧野家では、この「引請」により、家臣団に対して、以後長岡藩牧野家を「御本家様」と唱えるように家中へ命じた他、今後、長岡牧野家への書付には敬意を示す闕字《けつじ》を用いることにして、本家の隠居・家督相続や婚姻を吉事として祝うなど（「日鑑」小諸牧野家文書）、本分家関係を強めていくとともに、長岡藩への従属度を高めていった。

こうした取り決めがなされた背景として、特に引き受けを願った側の小諸藩については、財政難であったことがあげられる。財政難に苦しむ小諸藩牧野家では、この末家《まつけ》成りによって、従属的立場となったのと引き替えに、本家長岡藩から、財政支援を受けることが可能となっており、寛政六年（一七九四）の段階では、本家からの借入金が八千両にまで達している（「周防守様御勝手御取直方一件」小諸牧野家文書）。天保三年（一八三二）から始まった天保の飢饉に際しても、同七年一〇月、長岡牧野家より三千俵を借用するなど（『小諸市誌』）、財政面において本家へ大きく依存していた。これらの援助も、末家成りによって得やすくなったことは確かであろう。本家にとっても、自身を頂点とした同族関係を強化することができた。また、こうした密接な関係性があれば、万が一家督相続者が不在となった場合に備えることも可能となるのである。

佐賀藩鍋島家の分家大名

外様大名鍋島家では、近世初頭に分家大名を三家と分家旗本を一家、創出している。分家大名は、それぞれの領地の所在地から小城《おぎ》・蓮池《はすのいけ》・鹿島各鍋島家、分家旗本は江戸の屋敷地から餅木《もちのき》鍋島家と呼ばれた。

分家大名はいずれも内分《ないぶん》分家《うちわけ》であり、江戸時代の初めに鍋島家の「証人」として、江戸へ

図17　鍋島家系図

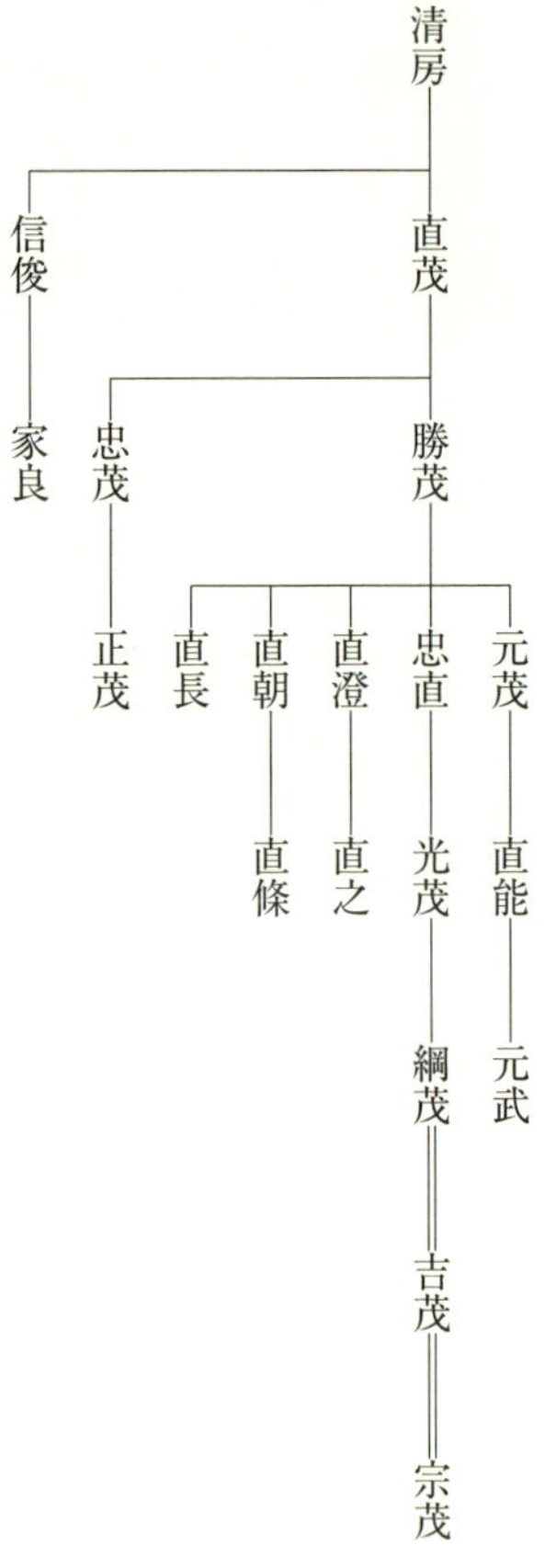

（註）＝は養子を示す

参府したことに始まる。

小城鍋島家は、佐賀藩主鍋島勝茂の庶長子元茂を祖として、元和三年（一六一七）、祖父直茂の隠居料を引き継いで成立した。公称高とも言うべき表高は七万三千二百石である。

蓮池鍋島家は、勝茂の庶子直澄を祖として、寛永一六年（一六三九）、勝茂から領地の分与を受けた。表高は五万二千六百石である。直澄は、勝茂の嫡子忠直《ただなお》の同母弟で、寛永一二年に忠直が疱瘡《ほうそう》のため死去してしまい、その遺児翁助《おうすけ》（後の佐賀藩主光茂）も幼年であったため、勝茂は光茂の万一に備えて江戸に詰めさせていた。鹿島鍋島家は、勝茂の庶子直朝がすでに参府していた勝茂の弟忠茂《ただしげ》の養子となり、鹿島領二万石を引き継いだことによる。

これらの三家は万石以上を分与されたわけだが、これは旧主竜造寺氏と領主交代を果たした鍋島氏が、三家を領内に居る旧竜造寺系の大身家臣《たいしんかしん》（諫早《いさはや》・多久《たく》・武雄《たけお》・須古《すこ》）に対する藩屏《はんぺい》にして本家権力を確立するのとともに、江戸詰料としての意味も持っていた。それから、忠茂には実子正茂《まさしげ》がおり、同人は忠茂が徳川家から拝領した下総国矢作領五千石を相続した。これが餅木鍋島家となる。

庶子鍋島元茂による幕府への奉公

三家は、本家から所領を分与されることで成立し、幕府から分知が公認されたことを示す領知朱印状を拝領しない内分分家であったが、小城鍋島家の元茂は、幕府から毎年稟米《りんまい》千俵を拝領していた。他に鍋島家のなかでも、竜造寺高房《たかふさ》の死後、その弟で竜造寺家を継承していた村田安良《むらたやすよし》も、同じく稟米千俵を拝領していた。その後も寛永九年（一六三二）に安良が死去すると、子氏《うじ》久《ひさ》が引き続き拝領していた。

これらは、元茂も村田家もともに江戸詰を行っていることから、幕府からの稟米拝領は、知行＝家産として拝領するというよりも、江戸詰を行っている「証人」に対して、賄料《まかないりょう》して幕府が配慮したという性格が強いだろう。もちろん、この配慮は、拝領している当人以外、佐賀藩主である勝茂を対象としていたことは言うまでもない。

元茂は、慶長一九年（一六一四）から参府していたが、先に述べたとおり、大名の身分格式が一万石以上の所領高として確定していったのは寛永一二年の武家諸法度からであり、ましてや元茂のような庶子の扱いについては流動的であった。年不詳だが、寛永期と推定される勝茂より直澄宛の書状には、「幕府向きに関する一通りのことは、浅野長治《ながはる》、毛利就隆《なりたか》、山内忠直と同様にするようにせよ、特に前の二人にはよくよく相談するように」と命じている（「蓮池鍋島家文書」二二号、『佐賀県史料集成』一四巻）。

浅野長治は、安芸浅野家当主長晟《ながあきら》の庶長子として元和五年（一六一九）に初御目見《おめみえ》を済ませた後、在府を続け、寛永七年に従五位下に叙爵し、同九年一一月二日に、将軍の御前で長晟とともに出仕して分知を命じられている。同一一年八月四日には領知朱印状を拝領している。毛利就隆は慶長一六年に初御目見を済ませ、元和八年一二月二八日に従五位下日向守に叙爵し、寛永一一年三月一九日に兄秀就《ひでなり》から周防国下松《くだまつ》四万五千石を分与されており、こちらは領知朱印状を拝領することがない内分の扱いであった。安芸広島藩浅野家や長州藩毛利家と鍋島家は石高も同程度であり、これらの庶子が行う幕府との関係と並を合わせるようにというのである。これは、庶子の家格が定まっていないため、鍋島家でも、庶子の将軍に対する献上物から、供連れなどさまざまな点において分からないため、勝茂は並を合わせるようにと指示したのである。

参府した元茂は、江戸城へ毎月一日・一五日・二八日に登城する月次御目見《つきなみおめみえ》をはじめ、いくつかの殿中儀礼にも参加していた。『江戸幕府日記　姫路酒井家本』を見ると、寛永八年から正月二日の年始に出仕している。ただ、元茂は、以後も、分知の公認を受けることのない部屋住格大名《へやずみかくだいみょう》として、独立した「大名」とは認められておらず、あくまで国持大名・鍋島勝茂の庶子として扱われていた。

この点、たとえば、同じく『江戸幕府日記　姫路酒井家本』で寛永一七年六月一六日に行われた、将軍から大名が菓子を拝領する幕府儀礼である嘉祥《かしょう》の祝儀を見てみると、拝領の順番は、まず国持大名からであり、次に「譜代」の侍従・四品《しほん》が拝領し、その次に国持大名の嫡子・庶子として、元茂の名前も記載されている。そして、この次に「中大名衆」（国持大名のような大きな石高ではなく、かつ一、二万石程度の小大名でもない）が拝領しており、元茂はあくまで国持大名・鍋島勝茂の庶子としての立場として把握されていたことが分かる。

現状に対する元茂の考え

江戸詰を行う元茂は、自身の立場をどのように認識していたのであろうか。この点について、元茂から父勝茂の側近であった勝屋勘右衛門茂為に宛てた寛永一〇年（一六三三）推定二月一〇日付の「覚」がある（「御家由来」七五、小城鍋島文庫）がある。このなかで元茂は、まず勝茂が幕府への奉公をつつがなく行っていること、自分は弟で鍋島家の嫡子であった忠直の傍に詰める覚悟であること、直茂の家督を譲られたこと（隠居料を相続したこと）は幕府も知るところとなり「御家」のために行う奉公についての覚悟は新しく申し上げるには及びません、と述べている。

つまり、江戸詰をするのは「御家」のためであり、幕府への奉公は自分の本来的な任務ではないというのである。また、佐賀藩鍋島家＝「御家」が連続していくために元茂は幕府へ奉公を行っているのであり、まだ小城鍋島家自身の「家」を連続させていこうとする「家」意識が未熟であることを示しているとともに、「御家」の連続こそが重要とする「同族」としての共同体的意識がみて取れる。

本分家関係の悪化

元茂はもともと大名である勝茂の庶子という立場であったものの、本家・分家ともに代替が行われることで、その関係も親子から叔

(伯)父・甥へと変わり、さらに代を重ねていくことにより、血縁関係もより薄くなっていく。さらに、分家自身も自家を代々受け継ぎ永続させていこうとする「家」意識が生まれてくる。

こうしたなかで、延宝期から天和期にかけて鍋島家で起こったのが、本家と三家の不和である。その理由について三家が訴えるところでは、たとえば、三家が参勤交代で参府したことを幕府へ報告するにあたって、従来は三家自身が行っていたものを、本家当主光茂の嫡子綱茂によって本家が行うように改められたり、元茂の孫で、当時小城鍋島家の当主であった元武が幕府から官位を与えられた際、その御礼を綱茂に対して求めたこと、道で会った時の会釈や、綱茂から三家に宛てられた書状の文章・判形が光茂代と異なり、ことの他敬意が感じられないこと、綱茂が毛利家の分家などを例に出して三家が内分分家であることを強調すること、本家と上杉家が婚姻を結んだ際、綱茂が三家に対して迎えを遠慮するように命じたこと、などであった(「三家起請文」小城鍋島文庫)。

綱茂は三家を本家の家臣として位置付けようとしており、三家は家臣扱いされることに嫌悪感を示し鍋島家としての一体性を強調していたところに特徴がある。また、三家の家臣も、その多くは、もともと本家の家臣であったものが、庶子の分家創出とともに分家当主に付属していった由緒を持っていたが、本分家の序列を明確にしようとする綱茂は、これらを陪臣扱いした。このため、三家の家臣団は、延宝期から元禄期にかけて、それまで住んでいた佐賀城下から、それぞれの知行地へ移住してしまうほど、問題は深刻化していった。

本分家間で行われる話し合い

本分家間で緊張状態が続くなか、両者は話し合いによる解決を目指していき、「三家格式」が制定されることになる。これまでの研究では、一連の過程、およびこの結果としての「三家格式」の制定は、本家による支配の一環として位置付けられてきた。しかし、果たしてそのとおりなのだろうか。この点についても、本家と三家のやり取りを具体的に見てみよう。

延宝八年（一六八〇）二月二七日、江戸へ参府した光茂と在府中であった小城鍋島家の隠居直能《なおよし》が本家の桜田屋敷（上屋敷）において相談を行っている。直能は光茂に対して、次のように語った。大家が崩れる時は、親類や内輪から悪事が出来《しゅったい》する時である。一門で申し合わせて「御家」を守っていくことが大事なのに、最近の本家（綱茂）の仕方はどうであろうか。祖父勝茂の時代の仕方を変えていくために、自分たちも幕府への奉公がしづらくなっている。それから、三家は幕府から「直恩」のような扱いを受けているが、綱茂はこの幕府からの「直恩」を嫌い、三家の家臣を陪臣のように扱うようでは、「御家」が軽く思われ、古い家である鍋島家が薄くなってしまう。自分たちは「直恩」を望んでいるわけではないのだ。綱茂の仕方こそ「悪事の根源」である、とまで言っている（鍋島元武宛直能書状写『直能公御年譜』六、小城鍋島文庫）。これに対して、光茂も「もっともである。直能の言うとおりだ」と直能の言い分に同意して、子綱茂の態度が三家の感情を悪化させていることに納得した。そのうえで、今後は勝茂の時代と同様の関係を三家とも築いていくつもりだと述べ、直能＝三家の主張を受け入れている。

閏八月晦日には、再び光茂と直能（小城）・直朝（鹿島）が会談を行った。ここでも光茂は三家との関係を勝茂代の在り方に戻すと述べた。そこで直朝が、「結局、今回の問題は、三家が分知＝領知《りようち》朱印状《しゆいんじよう》を拝領することを望んでいると疑って関係が悪化したのであって、そのような考えは三家にはないので安心して欲しい」と言ったため、光茂も、「自分も三家が分知を望んでいるとは思っていない」と述べるとともに、「今後も本家・三家間で熟談を遂げて、お互いにとって良いようにしていくことが大事だ」と述べており、本家と三家が納得できる形で問題を決着できるような「合意」の形成をはかろうとする態度を示した。

そのいっぽうで光茂は、「ただし、今回、直之《なおゆき》（蓮池鍋島家当主）と元武（小城鍋島家当主）が幕府へ代替の誓詞を差し上げてしまったことは良くない。今後はこのようなことがないようにせよ」と釘を刺した。これは、延宝八年五月二二日、堀田正俊宛で、家綱から綱吉へ将軍が代替した際に忠誠を誓う起請文《きしょうもん》を三家がそれぞれ単独で提出したことを指している。ここでの直之・元武両人の意図は、誓紙《せいし》を提出することにより他の大名と同じように振る舞いたいという願望から提出していた。つまり大名のグループに属しながらも、将軍との関係において、諸大名並の行動ができなかった部屋住格大名からの脱却を図ってのことであった。これに対して、直朝と直能も今後はしないと約束した。

本家と三家の不和は、三家はこれまでと同様、鍋島家のなかでは他の家臣とは異なる存在であるという認識であったのを、綱茂が家臣として位置付けようとしたところから発していた。三家は将軍とも関係を持つ分家大名であるのとともに、勝茂の子弟を祖として、本家と「同族」関係にあり、家中における身分格式が他の家臣と比べて高く、本家当主であっても簡単にはその意志＝統制を貫徹できない存在であった。

「国法」とは？

本分家間では、問題の解決をはかるため、延宝九年（一六八一）の夏頃から具体的に両者が守るべき項目に関して相談がなされていた。

そこでは、従来からの「国法《こくほう》」を守り、三家の参勤伺いや隠居願など、本家から幕府へ伺書や願書を提出することを確認した。もっとも領知朱印状拝領のような重要事項ではなく、軽いことであれば三家のしたいようにと認めている（「三家機路具」鍋島文庫）。

それから、ここで言うところの「国法」については、天和二年（一六八二）正月二六日、佐賀城本丸において光茂と直能（小城）・直朝（鹿島）が話し合った際、直能は同席していた神代直長《くましろなおなが》（勝茂の七男で家臣の神代家を相続していた）に対して「国法」とは何かと質問している。これに対して、直長は、他家と縁組みをしないことや、佐賀藩の「掟」を守ること、他家の者を召し抱えたりしないこと、三家の家臣のなかでも重役の者を切腹させたり牢人《ろうにん》に処す時には本家へ申告することなどとした。特に一番最後の切腹・牢人者の申請は、そもそも三家の家臣団が本家の家臣であったことから、本家の対面を傷つけないためであるとともに、三家の当主の権限を制限することを意図したものであろう。

ただ、こうした三家の在り方は、勝茂代以来、実際に行われてきたものであり、全面的に新しく作成されたものではない。このため、直能と直朝も「こういったことは今までも守ってきたことである、新しいこともない」と述べている。ここでの「国法」とは、先例をもとにした領国内における本家と三家の在り方であり、さらに言えば本家を中心とした

「法」に他ならない。

幕府儀礼への参加を望む三家

光茂は、三家に対して、一定度の譲歩を示しながら相談を進めていったのだが、こうしたなか、光茂を激怒させる事件を三家が起こしてしまった。それは直之（蓮池）と直朝の子直条《なおえだ》（鹿島）が、彼らの家督相続以来、絶えていた八朔《はっさく》における将軍への太刀献上を本家に無断で行ってしまったのである（「三家機路具」鍋島文庫）。

三家はそれぞれ初代の当主の時代は、国持大名である勝茂の庶子という立場から参加しており、献上を行っていたのだが、代替が行われると、国持大名の庶子ではなくなってしまった。したがって、近世初頭における三家の幕府儀礼への参加は、大名としてというよりもあくまで本家を通した庶子として参加していたのである。基本的に幕府が殿中儀礼において定めていた参加資格は、「庶子か弟」という大名当主ときわめて近い血縁関係者に限定していたため、三家は次第に参加ができなくなっていた。当該期、毎年八月一日に諸大名がいっせいに登城する八朔は、正月の年頭と並んで、「大名」としての身分格式が可視化される幕府最大の年中行事であり、三家の若い当主たちは、「大名」として諸大名同様の振る舞いを望み、献上をしたのである。

しかし、光茂は、このような本家を通さずに幕府との関係を持とうとする若い当主たちの行動に怒り、直之と直条に対して、「本家を通さないやり方は、勝茂代やお前たちの親の代にもなかったことである。鍋島家の家風と異なり、かつ不孝の至りである、鍋島家は一手堅固にあることが家風であり、他家とは違うのである、いずれも『御家』を大事にして、家風を守るように」と叱りつけた。また、老中も交代して鍋島家の家風を知らないので、これを上申するつもりであると伝えた。

しかし、三家は、江戸で大名として扱われたいとする願望を持ち続けており、同年八月一九日、直之（蓮池）はあらためて、「八朔・重陽・歳暮・年頭の幕府儀礼に出席して、世上並に幕府に対して勤めたい」と願い出た。

これに対して、光茂は、一二月二六日、直能（小城）・直朝（鹿島）に対して、三家の年頭・八朔の太刀献上を許可するいっぽう、老中へ申し上げる鍋島家の家風について、来春国許において相談したいことを伝えた。年頭の太刀献上許可については、年頭が八朔と連動した幕府儀礼であり、すでに三家が八朔において献上をしてしまっているため、幕府の手前を考慮してのことであったものの、ここでは三家の願いが聞き届けられていることに注目しておきたい。さらに光茂は、考えがあれば申し出るようにとして、次の書付を渡した。

（1）幕府への隠居・官位各御礼、江戸へ到着した際に幕府へ申請する使者を諸大名同様に差し立てること、屋敷願い、諸節句における献上、法事における香典、幕府よりの仰せ渡しに家来を差し出すことなどは諸大名並に行うことを認めること。

（2）隠居・家督、官位、参勤・暇は本家から行うこと。

（3）以前よりの「国法」は守ること。

というものである。この原案に対して、直能・元武親子が手直しをしたうえで、天和三年（一六八三）二月二二日、以上の（1）から（3）を箇条書きにしたものと、後文を記載した形で「三家格式」が制定された。従来からの「国法」の厳守の他、特に、隠居・家督や官位などについては本家から幕府へ伺うように規定して、あくまで本家の統制下にあることを明確にした。

「三家格式」の制定

次に「三家格式」制定の目的について、条目に付された後文から検討してみたい（「三家起請文」小城鍋島文庫）。今回、「三家格式」を制定したのは、三家が江戸で幕府へ奉公をするにあたって勤めやすいようにするためであって、これには本家も心を添えているのである。そこで、幕府への勤めについて、許すべきことを定めたのである。そもそも三家が江戸へ行っているのは、藩祖である鍋島直茂・勝茂親子が「家」を連続させていこうとする深慮があってのことで、本家・三家とも互いの家が連続していくところを本意に考えなくてはならない。もっとも、三家の方も本家を崇敬《すうけい》しなくてはならない。もちろん本家も三家に対して異心はないので心やすく思って欲しい。この旨をそれぞれの家臣団にも堅く達するように、というものである。

ここまで述べてきたとおり、もはや「三家格式」が本家による一方的な専制的権力によって制定されたものでないことは明らかであろう。さらに本家と三家の関係について、本家当主光茂は、「三家格式」が制定された約二週間後の三月七日付で綱茂に対して書状を送っている（「三家機路具」一、鍋島文庫）。これによれば、光茂は、

（1）三家を幕府へ差し出した以上、「家臣」扱いにはできない。

（2）三家が「備内《そなえうち》」に居なければ長崎警備ができない。

（3）三家との不和を幕府へ言ってしまうと何が起こるか予測できないので、三家とは順熟《じゅんじゅく》であることが「国家の為」である。

と述べている。これらはまさに光茂＝本家側の本音であって、三家に対して自身の支配を完全に貫徹できないばかりか、三家もまた将軍の家臣であることから、一定の配慮を示さ

なければならない本家のジレンマがあらわれているのである。

新しい本分家関係――エピローグ

中世から続く大名家

本書では、大名の本分家関係について、分家の創出に関して別朱印《べつしゅいん》・内分《ないぶん》《うちわけ》両分家の特徴や、本家が一方的に分家を支配するような本分家関係ばかりでなく、結合関係を強くしていく状況など、従来の説にとらわれることなく検討を行うことで、本分家の世界がきわめて多様性を持っていたことを明らかにしてきた。

本分家が結合関係を維持していた歴史的背景の一つとして、長い時間軸で考えると、中世における武士団が、惣領《そうりよう》を中心に庶子家を統制していく惣領制を考える必要がある。惣領制については、中世史において古くから議論がなされてきたが、惣領家は鎌倉幕府が命じる京都大番役などを遂行していくために、それぞれの庶子家を統率し、負担を分配しながら役を勤めるいっぽう、先祖の墳墓や伝来の所領を維持・管理することを責務としていた。もっとも、江戸時代の大名家では、鎌倉時代のように、本家が一括して公儀役を勤めるようなことはせず、分家も幕府から直接命じられて公儀役を勤めたのであるが、本家の石高のうちに含まれていた部屋住格大名《へやずみかくだいみょう》の存在からも明らかなように、本来的に幕府へ奉公を行うのは本家大名であり、これを優遇するために庶子の奉公をも認めていた。また、幕府は、大名家・旗本家の庶子を直接召し出して、小姓組番や書院番などに編入していくことで、直轄軍団を拡大していった。

政治的関係としての本分家

分家大名は、本家と主従関係を基本とした同族的結合関係を有するいっぽうで、将軍とも主従関係を有していた。「同族」という枠組みにおいて、本家は変更することができない上位権力であったが、将軍家もまた、より上位の権力であったことは間違いない。このため、幕府権力が同族関係に強く介入すると、本分家は分離し将軍との関係が強まるものの、幕府権力が同族関係に不介入の立場を取るか、もしくは本家を中心とした同族的結合関係に基づいた統制を図ろうとすれば、本分家は結合を強めていくことになる。

本書において、外様大名鍋島家や譜代大名牧野家の事例を検討したように、本分家関係は父系の先祖を一にしていれば自然と形成され維持されていくものではなく、両者が本家を上位者、分家を下位者とする「合意」のもと関係性を維持していかなければ、地縁的・血縁的に分離していく可能性もある、きわめて政治的な親族関係であった。

幕末維新と分家大名

大名家の本分家は、江戸時代を通して支配・従属を含む関係をはじめとするさまざまな関係性を維持していったのであるが、幕末の動乱から明治維新のなかで、本分家はどのように対応していったのであろうか、かかる点については、見通しとなるが述べておきたい。

万延元年（一八六〇）三月、大老であった井伊直弼《いいなおすけ》が水戸浪士によって暗殺され、文久二年（一八六二）二月には和宮《かずのみや》の降嫁《こうか》による公武合体《こうぶがったい》が模索されるなど、政局は混乱していった。こうしたなかで、同年閏八月、幕府による文久の改革が開始される。この文久の改革では、大名家の参勤交代が三年に一度と緩和されたことで、幕府権力の失墜《しっつい》が現実のものとなった。そして、この改革において、分家大名との関連で注目しておきたいのは、定府《じょうふ》大名に対して国許への帰国を願い次第で許可すると達せられたことである。定府大名としては、水戸の徳川家が有名であるが、分家大名のなかにも、本家から実際に所領の分与を受けず、稟米《りんまい》を与えられていた肥後熊本藩細川家の分家であった熊本新田藩細川家（三万五千石、高瀬藩）や、羽後秋田藩佐竹家の分家久保田新田藩（二万石）などの稟米取分家は、国許《くにもと》へ帰国することがなく一年中江戸に居る定府大名であった。こうした大名家も、国許への帰国が事実上自由とされたのであるが、問題は彼らは、帰れと言われても、帰るべき自身の領地がなかったことである。このため本家では、その領国に石高と同程度の領地を設定して陣屋を置き、家臣団の居住地を定めるなどして、土地と民衆を支配する組織としての藩を新しく創ることになったことである。もちろん、こうして立藩された藩組織の頂点には、帰国した稟米取大名が藩主として据えられることとなった。熊本新田藩細川家の場合、翌三年頃から、肥後への帰国が議論され始め、同四年三月、上京したうえで、肥後へ下ることにしたが、領地が決まっていなかったため、藩主利永《としなが》は、ひとまず本家領内熊本新町に落ち着いた。そして、七月に入って領地が玉名郡高瀬に決定したため、利永も同地へ移り住んだ。高瀬藩領は、本家領を割いて確定しており、こうした点も高瀬藩が本家である熊本藩に扶養されていた存在だからこそ、立藩《りっぱん》することができたのである。

こうした稟米取分家に限らず、本家と行動を一にしたり、従属度を高めることで幕末の難局を乗り切ろうとした分家も多かった。このため新政府は、明治元年（一八六八）一一月、諸大名家に対して、左のとおりの通知をしている（『前橋藩松平家記録』第三七巻）。

諸藩分知末家にて、従来徳川附属の輩、勤王の実効これある者は、本録をもとのごとく下賜、実効これ無き輩は上地をおおせつけ候事

右の通、仰せ出で候について、分知末家の者共、いまだ御所置これなき輩は、早々書取をもって伺い出るべし、かつありきたり怱卒《そうそつ》に候間、とりあえず本家に御預け仰せ付け置き候は、今般改て御所置おおせつけらるべく候間、早々伺い出るべき事

行政官

ここで、新政府がわざわざ「分知末家」と指定しているのは、これらが江戸時代においては本家と非常に密接な関係にあったからであり、新政府としては、諸大名家（本家）と同様に直接把握することを意図しながらも、実際には勤王の実効がない分家について、ひとまず本家へ預けるようにと命じており、いまだ戊辰戦争が終結していない段階において、本家へ依拠しながら対処しているのである。そして、明治二年六月の版籍奉還《はんせきほうかん》によって、知藩事に任命されることで、ここに至り、ようやく、分家はけっして本家に扶養される立場ではない皇室の藩屏《はんぺい》として、位置付けられることになった。

華族の宗族集団

明治になり、大名家の当主は華族となったが、だからといって江戸時代に培ってきた同族集団としての側面を喪失してしまうことはなく、むしろ「家憲」を制定していくなかで、宗族として結合関係を維持していこうとする。たとえば、侯爵前田家の場合、明治九年一〇月一〇日に同族が集まり、「一族並宗族条約書」(「前田文書」、富山県立図書館)を規定している。このなかでは、先祖の祭祀を輪番で行ったり、構成員のなかで学費がなく学問ができない場合は、学費を出し合うことを定めるなど、それぞれの家が永続していくことを目的に、前田一族が互いの相互扶助を行うことを確認している。この前田家の場合、構成員は、江戸時代で言うと旧加賀藩・旧富山藩・旧大聖寺《だいしょうじ》藩・旧七日市藩それぞれの当主や隠居をはじめ、旧松山藩主であった久松勝成、旧公家の高辻修長《たかつじおさなが》や五条為明など菅原姓であった華族を含んでいるところに特徴があるのだが、前田利家の二男利政を祖とする前田土佐守家など江戸時代に家臣化していた分家は含まれていない。

さらに旧古河《こが》藩土井家の宗族では、「負債償却ノ方法ヲ設ケ、宗族協議至当ノ処置ヲ施スヘシ」(『正定寺文書』)として、構成員各家の家計を互いに細かくチェックして管理をするようにしたことは、江戸時代の同族関係が基になっていた。

あとがき

本書は、なるべく全国的な事例から、江戸大名の本分家関係について明らかにしていこうとしたものである。読者のなかには、「うちの地元の大名家とは違う、私の知っている本分家は別だ」と思われた方もおられるかもしれない。ただ、本分家関係は、各家ごとの歴史や関係性のもとに構築されており、多様性を持って存続していたということもご理解いただければと思う。本書は、この多様性のなかで、なるべく、本分家の関係性に関する特質をあらわしていると思われるものを抜き出すことを意図したものである。

本書がこうした姿勢を取ったのも、プロローグでも述べたが、従来、大名家の本分家関係については、別朱印分家は本家から「自立」的で内分分家は「従属」的という評価が一般的であった。しかし、別朱印・内分両分家それぞれの史料を読んでいくなかで、本書でも明らかにしてきたように、別朱印分家であっても本家へ従属しているケースもあるし、内分分家でも、たとえば本家からの影響力を排除して自身で藩政や軍団編成を行うこともあり、これまで本分家については一面的な部分を切り取ったにすぎず、まだまだ研究を進めていく余地があるのではないかと思うようになった。ところが、歴史に対する評価とは、一度定まってしまうと、研究者全員が当該問題に対して専門的に取り組んでいない以上、氷解させることが容易ではなく、私自身の能力のなさもあって、忸怩《じくじ》たる思いがあった。本書は、こうした考えのもと、私自身模索しながら出した答えでもある。

大名家の本分家関係については、本年二月に同じ吉川弘文館から、『近世分家大名論』を刊行した。これは本書とは異なり、すべて佐賀藩鍋島家を素材として構成している。課題は、鍋島家という国持大名家の特徴や幕藩関係の解明を目指したものだが、本書は右の拙著とは異なるスタンスで、大名の本分家について広く見渡すことを意図した。どちらの分析手法も必要だと思っている。

吉川弘文館編集部から「江戸時代の本分家関係はすべて把握できる」内容のものを、とのご要望をいただいていたにもかかわらず、明らかにできなかったことも多く、お詫び申し上げたい。本分家に関する未解明な点については、たとえば、分家のなかでも大名化・旗本化せず、家中のなかにとどまった家（一門家臣）の問題や、家臣や領民にとって大名の本分家とはどのような意味を持っていたのか、また、幕府という上位権力のもと江戸時代を通した本分家の関係性の変化など、残された課題はあまりにも多い。こうした諸問題については、いずれ別の機会に発表させていただければと思う。本書は、大名の本分家関係に関する途中経過の報告とさせていただければ幸いである。

私がこれまで大名家の本分家研究を続けてこられたのは、周りにいる多く方々のご助力もさることながら、初めて論文を世に発表した時、在野で大名研究をされておられた故小川恭一先生から、懇切丁寧なお手紙を頂戴したことが大きいのではないかと思っている。お手紙の内容は、「これまで自分自身がわからなかったことが理解でき、とてもうれしく思う。今後も研究を続けていって欲しい」というものであり、研究を始めて間もない私にとって、お名前とお仕事だけはもちろん存じ上げていた小川先生からいただいたお手紙のお言葉がとてもうれしかった。その後、本分家研究をすることの意味を自問自答し、時に、周囲から「本分家関係論などあるのか」と揶揄《やゆ》されることもありながら、今日に至るまで研究を続けてこられたのは、ひとえに小川先生のお言葉があればこそと思っている。先生のご冥福をお祈りするばかりである。

平成二三年三月一一日、未曾有の大災害である東日本大震災が起きた。私事で恐縮だが、当日は私も茨城県水戸市で史料調査中に地震に遭遇した。高速道路・鉄道ともに遮断されたため、市内の高校での一泊を余儀なくされ、翌日、同県つくば市に住む妹夫婦になんとか車で迎えに来てもらった。私の体験など、震災で家族や住宅などを失われた方々と比べるまでもないが、親族のありがたみを思い知らされた。また、大震災の翌月には長女琳花が誕生し、命の重みについて改めて考えさせられた。こうした経験を今後の歴史研究のなかでどのように生かしていくべきか、私自身の大きな課題であると考えている。

本書を刊行するにあたっては、深謝すべき方々のお名前をお一人づつあげることができないことをお許しいただきたい。また、史料を所蔵する関係諸機関のご協力があればこそだとも思っている。出版にあたっては、吉川弘文館の伊藤俊之氏・永田伸氏にお世話になった。心からお礼を申し上げたい。

二〇一一年八月

野口朋隆

参考文献

在原昭子「江戸幕府証人制度の基礎的考察」『学習院大学史料館紀要』二、一九八四年
笠谷和比古「「国持大名」論考」井上満郎・杉橋隆夫編（上横手雅敬監修）『古代・中世の政治と文化』思文閣出版、一九九四年
鎌田　浩『幕藩体制における武士家族法』成文堂、一九七〇年
倉持　隆「宇和島藩主伊達村候と仙台藩―寛延二年本家・末家論争を中心に―」『地方史研究』二八九、二〇〇一年
高木昭作「幕藩政治史序説―土佐藩元和改革―」『歴史評論』二五三、一九七一年
塚本　学『徳川綱吉』（『人物叢書』）、吉川弘文館、一九九八年
野口朋子「鍋島家の家紋・杏葉紋について」『佐賀県立佐賀城本丸歴史館紀要』二、二〇〇七年
野口朋隆『近世分家大名論―佐賀藩の政治構造と幕藩関係―』吉川弘文館、二〇一一年
野口朋隆「竜造寺氏から鍋島氏への領主交代」佐賀大学・佐賀学創成プロジェクト編『佐賀学』花乱社、二〇一一年
野口朋隆「長岡・小諸・笠間各牧野家における本分家関係―同族的結合という観点から―」『茨城県史研究』九二八、二〇一二年
平出真宣「戦国期政治権力論の展開と課題」中世後期研究会編『室町・戦国期研究を読みなおす』思文

閣出版、二〇〇七年
服藤弘司『相続法の特質』(『幕藩体制国家の法と権力』五)、創文社、一九八二年
深谷克己『士農工商の世』(小学館ライブラリー版『大系日本の歴史』九)、小学館、一九九三年
藤井譲治『徳川将軍家領知宛行制の研究』思文閣出版、二〇〇八年
藤野　保『新訂幕藩体制史の研究』吉川弘文館、一九七五年
藤野　保編『佐賀藩の総合研究』吉川弘文館、一九八一年
松方冬子「両敬の研究」『論集きんせい』一五、一九九三年
松方冬子「浅野家と伊達家の和睦の試みとその失敗―正徳期における近世大名社会の一断面―」『日本歴史』六一七、一九九九年
松平秀治「大名分家の基礎的考察―「内分」分家を中心に―」『徳川林制史研究所紀要』昭和四十七年度、一九七二年

著者紹介

一九七一年、埼玉県に生まれる
二〇〇六年、九州大学大学院比較社会文化学府博士後期課程修了
博士（比較社会文化）
現在、昭和女子大学人間文化学部歴史文化学科准教授

主要著書
近世分家大名論（吉川弘文館、二〇一一年）

歴史文化ライブラリー
331

江戸大名の本家と分家

二〇一一年（平成二十三）十一月一日　第一刷発行
二〇一六年（平成二十八）三月二十日　第三刷発行

著　者　野《の》口《ぐち》朋《とも》隆《たか》
発行者　吉川道郎
発行所　株式会社 吉川弘文館
東京都文京区本郷七丁目二番八号
郵便番号一一三―〇〇三三
電話〇三―三八一三―九一五一〈代表〉
振替口座〇〇一〇〇―五―二四四
http://www.yoshikawa-k.co.jp/
印刷＝株式会社 平文社
製本＝ナショナル製本協同組合
装幀＝清水良洋・渡邉雄哉

ISBN978-4-642-05731-8

歴史文化ライブラリー

1996.10

刊行のことば

現今の日本および国際社会は、さまざまな面で大変動の時代を迎えておりますが、近づきつつある二十一世紀は人類史の到達点として、物質的な繁栄のみならず文化や自然・社会環境を謳歌できる平和な社会でなければなりません。しかしながら高度成長・技術革新にともなう急激な変貌は「自己本位な刹那主義」の風潮を生みだし、先人が築いてきた歴史や文化に学ぶ余裕もなく、いまだ明るい人類の将来が展望できていないようにも見えます。このような状況を踏まえ、よりよい二十一世紀社会を築くために、人類誕生から現在に至る「人類の遺産・教訓」としてのあらゆる分野の歴史と文化を「歴史文化ライブラリー」として刊行することといたしました。

小社は、安政四年（一八五七）の創業以来、一貫して歴史学を中心とした専門出版社として書籍を刊行しつづけてまいりました。その経験を生かし、学問成果にもとづいた本叢書を刊行し社会的要請に応えて行きたいと考えております。

現代は、マスメディアが発達した高度情報化社会といわれますが、私どもはあくまでも活字を主体とした出版こそ、ものの本質を考える基礎と信じ、本叢書をとおして社会に訴えてまいりたいと思います。これから生まれでる一冊一冊が、それぞれの読者を知的冒険の旅へと誘い、希望に満ちた人類の未来を構築する糧となれば幸いです。

吉川弘文館

歴史文化ライブラリー

幕末の世直し 万人の戦争状態——須田 努
幕末の海防戦略 異国船を隔離せよ——上白石 実
江戸の海外情報ネットワーク——岩下哲典
黒船がやってきた 幕末の情報ネットワーク——岩田みゆき
幕末日本と対外戦争の危機 下関戦争の舞台裏——保谷 徹

近・現代史

五稜郭の戦い 蝦夷地の終焉——菊池勇夫
幕末明治 横浜写真館物語——斎藤多喜夫
横井小楠 その思想と行動——三上一夫
水戸学と明治維新——吉田俊純
大久保利通と明治維新——佐々木 克
旧幕臣の明治維新 沼津兵学校とその群像——樋口雄彦
維新政府の密偵たち 御庭番と警察のあいだ——大日方純夫
明治維新と豪農 古橋暉皃の生涯——高木俊輔
京都に残った公家たち 華族の近代——刑部芳則
文明開化 失われた風俗——百瀬 響
西南戦争 戦争の大義と動員される民衆——猪飼隆明
大久保利通と東アジア 国家構想と外交戦略——勝田政治
明治外交官物語 鹿鳴館の時代——犬塚孝明
自由民権運動の系譜 近代日本の言論の力——稲田雅洋
明治の政治家と信仰 クリスチャン民権家の肖像——小川原正道
福沢諭吉と福住正兄《ふくずみまさえ》 世界と地域の視座——金原左門
日赤の創始者 佐野常民《つねたみ》——吉川龍子
文明開化と差別——今西 一
アマテラスと天皇 〈政治シンボル〉の近代史——千葉 慶
明治の皇室建築 国家が求めた〈和風〉像——小沢朝江
皇居の近現代史 開かれた皇室像の誕生——河西秀哉
明治神宮の出現——山口輝臣
神都物語 伊勢神宮の近現代史——ジョン・ブリーン
日清・日露戦争と写真報道 戦場を駆ける写真師たち——井上祐子
博覧会と明治の日本——國 雄行
公園の誕生——小野良平
啄木短歌に時代を読む——近藤典彦
東京都の誕生——藤野 敦
町火消たちの近代 東京の消防史——鈴木 淳
鉄道忌避伝説の謎 汽車が来た町、来なかった町——青木栄一
軍隊を誘致せよ 陸海軍と都市形成——松下孝昭
家庭料理の近代——江原絢子
お米と食の近代史——大豆生田 稔
日本酒の近現代史 酒造地の誕生——鈴木芳行
失業と救済の近代史——加瀬和俊
選挙違反の歴史 ウラからみた日本の一〇〇年——季武嘉也

歴史文化ライブラリー

海外観光旅行の誕生――有山輝雄
関東大震災と戒厳令――松尾章一
モダン都市の誕生 大阪の街・東京の街――橋爪紳也
激動昭和と浜口雄幸――川田 稔
昭和天皇側近たちの戦争――茶谷誠一
海軍将校たちの太平洋戦争――手嶋泰伸
植民地建築紀行 満洲・朝鮮・台湾を歩く――西澤泰彦
帝国日本と植民地都市――橋谷 弘
稲の大東亜共栄圏 帝国日本の〈緑の革命〉――藤原辰史
地図から消えた島々 幻の日本領と南洋探検家たち――長谷川亮一
日中戦争と汪兆銘《おうちょうめい》――小林英夫
モダン・ライフと戦争 スクリーンのなかの女性たち――宜野座菜央見
彫刻と戦争の近代――平瀬礼太
特務機関の謀略 諜報とインパール作戦――山本武利
首都防空網と〈空都〉多摩――鈴木芳行
陸軍登戸研究所と謀略戦 科学者たちの戦争――渡辺賢二
帝国日本の技術者たち――沢井 実
〈いのち〉をめぐる近代史 堕胎から人工妊娠中絶へ――岩田重則
戦争とハンセン病――藤野 豊
「自由の国」の報道統制 大戦下の日系ジャーナリズム――水野剛也
敵国人抑留 戦時下の外国民間人――小宮まゆみ
銃後の社会史 戦死者と遺族――一ノ瀬俊也
海外戦没者の戦後史 遺骨帰還と慰霊――浜井和史
国民学校 皇国の道――戸田金一
学徒出陣 戦争と青春――蜷川壽惠
〈近代沖縄〉の知識人 島袋全発の軌跡――屋嘉比 収
沖縄戦 強制された「集団自決」――林 博史
戦後政治と自衛隊――佐道明広
米軍基地の歴史 世界ネットワークの形成と展開――林 博史
沖縄 占領下を生き抜く 軍用地・通貨・毒ガス――川平成雄
昭和天皇退位論のゆくえ――冨永 望
紙 芝 居 街角のメディア――山本武利
団塊世代の同時代史――天沼 香
闘う女性の20世紀 地域社会と生き方の視点から――伊藤康子
丸山真男の思想史学――板垣哲夫
文化財報道と新聞記者――中村俊介

文化史・誌

毘沙門天像の誕生 シルクロードの東西文化交流――田辺勝美
世界文化遺産 法隆寺――高田良信
落書きに歴史をよむ――三上喜孝
密教の思想――立川武蔵
霊場の思想――佐藤弘夫

歴史文化ライブラリー

四国遍路 さまざまな祈りの世界――星野英紀・浅川泰宏
跋扈《ばっこ》する怨霊 祟りと鎮魂の日本史――山田雄司
将門伝説の歴史――樋口州男
藤原鎌足、時空をかける 変身と再生の日本史――黒田 智
変貌する清盛『平家物語』を書きかえる――樋口大祐
鎌倉 古寺を歩く 宗教都市の風景――松尾剛次
空海の文字とことば――岸田知子
鎌倉大仏の謎――塩澤寛樹
日本禅宗の伝説と歴史――中尾良信
水墨画にあそぶ 禅僧たちの風雅――高橋範子
日本人の他界観――久野 昭
観音浄土に船出した人びと 熊野と補陀落渡海――根井 浄
殺生と往生のあいだ 中世仏教と民衆生活――苅米一志
浦島太郎の日本史――三舟隆之
宗教社会史の構想 真宗門徒の信仰と生活――有元正雄
読経の世界 能読の誕生――清水眞澄
戒名のはなし――藤井正雄
墓と葬送のゆくえ――森 謙二
仏画の見かた 描かれた仏たち――中野照男
ほとけを造った人びと 止利仏師から運慶・快慶まで――根立研介
〈日本美術〉の発見 岡倉天心がめざしたもの――吉田千鶴子

祇園祭 祝祭の京都――川嶋將生
洛中洛外図屛風 つくられた〈京都〉を読み解く――小島道裕
茶の湯の文化史 近世の茶人たち――谷端昭夫
海を渡った陶磁器――大橋康二
時代劇と風俗考証 やさしい有職故実入門――二木謙一
乱舞の中世 白拍子・乱拍子・猿楽――沖本幸子
歌舞伎と人形浄瑠璃――田口章子
神社の本殿 建築にみる神の空間――三浦正幸
古建築修復に生きる 屋根職人の世界――原田多加司
大工道具の文明史 日本・中国・ヨーロッパの建築技術――渡邉 晶
苗字と名前の歴史――坂田 聡
日本人の姓・苗字・名前 人名に刻まれた歴史――大藤 修
読みにくい名前はなぜ増えたか――佐藤 稔
数え方の日本史――三保忠夫
大相撲行司の世界――根間弘海
武道の誕生――井上 俊
日本料理の歴史――熊倉功夫
吉兆 湯木貞一 料理の道――末廣幸代
アイヌ文化誌ノート――佐々木利和
流行歌の誕生「カチューシャの唄」とその時代――永嶺重敏
話し言葉の日本史――野村剛史

歴史文化ライブラリー

日本語はだれのものか——川口 良／角田史幸
「国語」という呪縛 国語から日本語へ、そして○○語へ——川口 良／角田史幸
柳宗悦と民藝の現在——松井 健
遊牧という文化 移動の生活戦略——松井 健
薬と日本人——山崎幹夫
マザーグースと日本人——鷲津名都江
金属が語る日本史 銭貨・日本刀・鉄炮——齋藤 努
書物に魅せられた英国人 フランク・ホーレーと日本文化——横山 學
災害復興の日本史——安田政彦
夏が来なかった時代 歴史を動かした気候変動——桜井邦朋

民俗学・人類学

日本人の誕生 人類はるかなる旅——埴原和郎
倭人への道 人骨の謎を追って——中橋孝博
神々の原像 祭祀の小宇宙——新谷尚紀
女人禁制——鈴木正崇
民俗都市の人びと——倉石忠彦
鬼の復権——萩原秀三郎
雑穀を旅する——増田昭子
川は誰のものか 人と環境の民俗学——菅 豊
名づけの民俗学 地名・人名はどう命名されてきたか——田中宣一
番と衆 日本社会の東と西——福田アジオ
記憶すること・記録すること 聞き書き論ノート——香月洋一郎
番茶と日本人——中村羊一郎
踊りの宇宙 日本の民族芸能——三隅治雄
日本の祭りを読み解く——真野俊和
柳田国男 その生涯と思想——川田 稔
海のモンゴロイド ポリネシア人の祖先をもとめて——片山一道

世界史

中国古代の貨幣 お金をめぐる人びとと暮らし——柿沼陽平
黄金の島 ジパング伝説——宮崎正勝
琉球と中国 忘れられた冊封使——原田禹雄
古代の琉球弧と東アジア——山里純一
アジアのなかの琉球王国——高良倉吉
琉球国の滅亡とハワイ移民——鳥越皓之
王宮炎上 アレクサンドロス大王とペルセポリス——森谷公俊
イングランド王国と闘った男 ジェラルド・オブ・ウェールズの時代——桜井俊彰
魔女裁判 魔術と民衆のドイツ史——牟田和男
フランスの中世社会 王と貴族たちの軌跡——渡辺節夫
ヒトラーのニュルンベルク 第三帝国の光と闇——芝 健介
人権の思想史——浜林正夫

考古学

タネをまく縄文人 最新科学が覆す農耕の起源——小畑弘己

歴史文化ライブラリー

農耕の起源を探る イネの来た道——宮本一夫
O脚だったかもしれない縄文人 人骨は語る——谷畑美帆
老人と子供の考古学——山田康弘
〈新〉弥生時代 五〇〇年早かった水田稲作——藤尾慎一郎
交流する弥生人 金印国家群の時代の生活誌——高倉洋彰
古 墳——土生田純之
東国から読み解く古墳時代——若狭 徹
神と死者の考古学 古代のまつりと信仰——笹生 衛
銭の考古学——鈴木公雄
太平洋戦争と考古学——坂詰秀一

古代史

邪馬台国 魏使が歩いた道——丸山雍成
邪馬台国の滅亡 大和王権の征服戦争——若井敏明
日本語の誕生 古代の文字と表記——沖森卓也
日本国号の歴史——小林敏男
古事記のひみつ 歴史書の成立——三浦佑之
日本神話を語ろう イザナキ・イザナミの物語——中村修也
東アジアの日本書紀 歴史書の誕生——遠藤慶太
〈聖徳太子〉の誕生——大山誠一
聖徳太子と飛鳥仏教——曾根正人
倭国と渡来人 交錯する「内」と「外」——田中史生
大和の豪族と渡来人 葛城・蘇我氏と大伴・物部氏——加藤謙吉
白村江の真実 新羅王・金春秋の策略——中村修也
古代豪族と武士の誕生——森 公章
飛鳥の宮と藤原京 よみがえる古代王宮——林部 均
古代出雲——前田晴人
エミシ・エゾからアイヌへ——児島恭子
古代の皇位継承 天武系皇統は実在したか——遠山美都男
持統女帝と皇位継承——倉本一宏
古代天皇家の婚姻戦略——荒木敏夫
高松塚・キトラ古墳の謎——山本忠尚
壬申の乱を読み解く——早川万年
家族の古代史 恋愛・結婚・子育て——梅村恵子
万葉集と古代史——直木孝次郎
地方官人たちの古代史 律令国家を支えた人びと——中村順昭
古代の都はどうつくられたか 中国・日本・朝鮮・渤海——吉田 歓
平城京に暮らす 天平びとの泣き笑い——馬場 基
平城京の住宅事情 貴族はどこに住んだのか——近江俊秀
すべての道は平城京へ 古代国家の〈支配の道〉——市 大樹
都はなぜ移るのか 遷都の古代史——仁藤敦史
聖武天皇が造った都 難波宮・恭仁宮・紫香楽宮——小笠原好彦
悲運の遣唐僧 円載の数奇な生涯——佐伯有清

歴史文化ライブラリー

遣唐使の見た中国――古瀬奈津子
古代の女性官僚 女官の出世・結婚・引退――伊集院葉子
平安朝 女性のライフサイクル――服藤早苗
平安京のニオイ――安田政彦
平安京の災害史 都市の危機と再生――北村優季
天台仏教と平安朝文人――後藤昭雄
藤原摂関家の誕生 平安時代史の扉――米田雄介
安倍晴明 陰陽師たちの平安時代――繁田信一
平安時代の死刑 なぜ避けられたのか――戸川 点
源氏物語の風景 王朝時代の都の暮らし――朧谷 寿
古代の神社と祭り――三宅和朗
時間の古代史 霊鬼の夜、秩序の昼――三宅和朗

中世史

源氏と坂東武士――野口 実
熊谷直実 中世武士の生き方――高橋 修
鎌倉源氏三代記 一門・重臣と源家将軍――永井 晋
吾妻鏡の謎――奥富敬之
鎌倉北条氏の興亡――奥富敬之
三浦一族の中世――高橋秀樹
都市鎌倉の中世史 吾妻鏡の舞台と主役たち――秋山哲雄
源 義経――元木泰雄
弓矢と刀剣 中世合戦の実像――近藤好和
騎兵と歩兵の中世史――近藤好和
その後の東国武士団 源平合戦以後――関 幸彦
声と顔の中世史 戦さと訴訟の場景より――蔵持重裕
運 慶 その人と芸術――副島弘道
乳母の力 歴史を支えた女たち――田端泰子
荒ぶるスサノヲ、七変化 〈中世神話〉の世界――斎藤英喜
曽我物語の史実と虚構――坂井孝一
親鸞と歎異抄――今井雅晴
日 蓮――中尾 堯
捨聖《すてひじり》一 遍――今井雅晴
神や仏に出会う時 中世びとの信仰と絆――大喜直彦
神風の武士像 蒙古合戦の真実――関 幸彦
鎌倉幕府の滅亡――細川重男
足利尊氏と直義 京の夢、鎌倉の夢――峰岸純夫
高 師直 室町新秩序の創造者――亀田俊和
新田一族の中世 「武家の棟梁」への道――田中大喜
地獄を二度も見た天皇 光厳院――飯倉晴武
東国の南北朝動乱 北畠親房と国人――伊藤喜良
南朝の真実 忠臣という幻想――亀田俊和
中世の巨大地震――矢田俊文

歴史文化ライブラリー

大飢饉、室町社会を襲う！――清水克行
贈答と宴会の中世――盛本昌広
中世の借金事情――井原今朝男
庭園の中世史 足利義政と東山山荘――飛田範夫
土一揆の時代――神田千里
山城国一揆と戦国社会――川岡 勉
一休とは何か――今泉淑夫
中世武士の城――齋藤慎一
武田信玄――平山 優
歴史の旅 武田信玄を歩く――秋山 敬
戦国大名の兵粮事情――久保健一郎
戦乱の中の情報伝達 使者がつなぐ中世京都と在地――酒井紀美
戦国時代の足利将軍――山田康弘
名前と権力の中世史 室町将軍の朝廷戦略――水野智之
戦国貴族の生き残り戦略――岡野友彦
戦国を生きた公家の妻たち――後藤みち子
鉄砲と戦国合戦――宇田川武久
検証 長篠合戦――平山 優
よみがえる安土城――木戸雅寿
検証 本能寺の変――谷口克広
加藤清正 朝鮮侵略の実像――北島万次
落日の豊臣政権 秀吉の憂鬱、不穏な京都――河内将芳
北政所と淀殿 豊臣家を守ろうとした妻たち――小和田哲男
豊臣秀頼――福田千鶴
偽りの外交使節 室町時代の日朝関係――橋本 雄
朝鮮人のみた中世日本――関 周一
ザビエルの同伴者 アンジロー 戦国時代の国際人――岸野 久
海賊たちの中世――金谷匡人
中世 瀬戸内海の旅人たち――山内 譲
アジアのなかの戦国大名 西国の群雄と経営戦略――鹿毛敏夫
琉球王国と戦国大名 島津侵入までの半世紀――黒嶋 敏
天下統一とシルバーラッシュ 銀と戦国の流通革命――本多博之
グローバル時代の世界史の読み方――宮崎正勝

各冊一七〇〇円～一九〇〇円（いずれも税別）
▽残部僅少の書目も掲載してあります。品切の節はご容赦下さい。